犹太太财团

犹太资本影响世界与未来的秘密

李涵◎编著

中国友谊出版公司

图书在版编目（CIP）数据

犹太财团 / 李涵编著. -- 北京 ：中国友谊出版公司，2024. 12. -- ISBN 978-7-5057-6022-6

Ⅰ．F715

中国国家版本馆 CIP 数据核字第 2024J9J761 号

书名	犹太财团
作者	李　涵　编著
出版	中国友谊出版公司
发行	中国友谊出版公司
经销	新华书店
印刷	三河市中晟雅豪印务有限公司
规格	787 毫米 ×1092 毫米　16 开
	15 印张　180 千字
版次	2024 年 12 月第 1 版
印次	2024 年 12 月第 1 次印刷
书号	ISBN 978-7-5057-6022-6
定价	48.00 元
地址	北京市朝阳区西坝河南里 17 号楼
邮编	100028
电话	（010）64678009

如发现图书质量问题，可联系调换。质量投诉电话：010-82069336

目　录

前言：犹太人凭什么成为世界上最富有的民族……………………… 001

第一章
富过八代的罗斯柴尔德家族

第一节　罗斯柴尔德家族的缔造者……………………………………… 003
第二节　老罗家的三儿子……………………………………………… 008
第三节　罗斯柴尔德家族的商场沉浮………………………………… 013
第四节　罗斯柴尔德家族财富传承之道……………………………… 019

第二章
华尔街之王——高盛集团

第一节　顶级投行的崛起之路………………………………………… 029
第二节　高盛集团的商业模式………………………………………… 038
第三节　高盛集团的企业文化………………………………………… 046

第三章
全球私募之王黑石集团

第一节　私募之王的成长史 …………………………………………… 055
第二节　收购希尔顿，一次教科书级的 PE 投资 …………………… 064
第三节　苏世民的经验和法则 ………………………………………… 071

第四章
全能金融服务集团——花旗集团

第一节　全能金融集团的发展历程 …………………………………… 083
第二节　强大的管理工具——人才盘点 ……………………………… 091
第三节　花旗集团的"璀璨明珠"——花旗服务 …………………… 100

第五章
有 200 多年悠久历史的杜邦家族

第一节　靠火药起家的化工巨擘 ……………………………………… 111
第二节　杜邦十大安全管理理念 ……………………………………… 121
第三节　杜邦：坚持自觉承担环保责任 ……………………………… 130

第六章

培养了连任三届美国财政部部长的梅隆家族

第一节　梅隆家族的财富起源与传承……………………………… 141

第二节　将梅隆家族推向鼎盛的安德鲁·梅隆……………………… 147

第三节　梅隆家族的经营之道……………………………………… 155

第七章

世界酒店之王——希尔顿家族

第一节　从穷小子到酒店之王……………………………………… 163

第二节　希尔顿酒店的经营秘诀…………………………………… 172

第三节　康拉德·希尔顿成功的要素……………………………… 179

第八章

靠钻石起家的奥本海默家族

第一节　钻石王国的发展历程……………………………………… 187

第二节　怎么将钻石卖出天价……………………………………… 193

第三节　"钻石恒久远，一颗永流传"的营销策划………………… 198

第九章
泰坦尼克号上的隐秘家族——古根海姆家族

第一节　古根海姆财富帝国缔造历史……………………………… 205

第二节　"富三代"的非凡人生 ……………………………………… 210

第三节　豪门的跨界创业秘诀……………………………………… 216

前言：犹太人凭什么成为世界上最富有的民族

犹太人被称为世界上最富有的民族，曾经以"世界第一商人"闻名于世。一提到犹太人，大家想到的就是金融巨头、商业富豪，如罗斯柴尔德家族的创始人梅耶·阿姆谢尔·罗斯柴尔德、"金融大鳄"乔治·索罗斯、高盛集团创始人马库斯·戈德曼、黑石集团创始人苏世民、谷歌公司创始人拉里·佩奇和谢尔盖·布林、南非钻石帝国的缔造者恩斯特·奥本海默、跨国化工巨头杜邦公司的创始人皮埃尔·杜邦、两次获得奥斯卡最佳导演奖的史蒂文·斯皮尔伯格等。

根据《福布斯》杂志 2012 年的统计，美国前 40 名富豪中有 21 名是犹太人，占比超过 50%。在华尔街，50% 的金融精英都是犹太人，世界四大跨国商业巨头中的三个（高盛集团、黑石集团、花旗集团）创始人都是犹太人，另外一个（摩根大通）也得到罗斯柴尔德家族的支助。在好莱坞，华纳兄弟、派拉蒙、米高梅等著名影视公司的幕后老板都是犹太人。在美国，媒体和文化产业受犹太势力的影响颇深，比如《纽约时报》《华尔街日报》及美国三大电视网都有犹太势力。在体育界，NBA 的大股东中也有犹太势力。可以说，犹太势力在美国的影响非常大，属于"大佬"级别，就是打个喷嚏，整个美国都得晃一晃。因此，美国民众认为犹太人不仅"控制"着华尔街，"统治"着好莱坞，"操纵"着美国的新闻媒体，甚至左右着美国的总统人选。

因为犹太人在美国社会和经济中的地位显著，美国民主党和共和党都积极寻求与其建立良好的关系。同时，一些犹太人通过合法的政治捐款支持那些符合他们价值观的候选人，从而影响美国的政治格局。如果犹太人支持的候选人胜出，他们便会因此获取更大的利益，甚至为他们的"民族家园"以色列争取到更多的权利。根据联合国数据统计，从 1956 年到 2023 年，美国在联合国安理会上一共使用过 83 次一票否决权，其中有 53 次用于否决不利于以色列的决议。以至于法国《世界报》评论说，美国和以色列是"铁哥们"。

犹太人除了在金融、科技、化工、服务、传媒等领域获得巨大成就之外，还在科研领域展现了非凡的才能和影响力，如"现代物理之父"爱因斯坦、"原子弹之父"奥本海默、提出"玻尔原子模型"的玻尔等都是犹太裔。从 1902 年到 2023 年，诺贝尔奖获得者中犹太人占比达到 22%，其中在经济学领域获奖比例高达 41%，要知道犹太人占世界总人口的比例还不到 0.3%。就是这还不到 0.3% 的犹太人，却掌握了世界上庞大的资产和高端的知识，这不禁让人深思，为什么犹太人能取得如此成就？难道他们真如犹太教所说，是"上帝特选之民"？

一、先古建国时期

根据《希伯来圣经》记载，犹太人是闪族后裔，大约在公元前18世纪中叶，他们的先祖亚伯拉罕在上帝的指引下带领族人渡过幼发拉底河，辗转来到"应许之地"——迦南（巴勒斯坦的古称），并在迦南定居下来。

对当地的迦南人来说，亚伯拉罕的部落是"渡河而来的人"，因此迦南人将其称为希伯来人。这个称呼一直延续至今。亚伯拉罕的孙子雅各英勇神武，曾跟天神打过架，还把天神打败了，受此启示，雅各于是更名为"以色列"，后来希伯来人也被称为"以色列人"，意思就是"与神摔跤的人"。

有一年，迦南发生了灾荒，雅各带领族人去埃及躲避饥荒。一开始，埃及法老对希伯来人还不错，但是随着希伯来人在埃及的势力日益壮大，法老担心他们对自己的统治不利，于是对希伯来人实施残酷的政策，强迫他们做奴隶。希伯来人在埃及被迫做了大约400年的奴隶，才在先知摩西的带领下逃离埃及，后来又在约书亚的领导下历经千辛万苦重新回到迦南。

公元前11世纪，犹太人在迦南建立了希伯来王国。第二代希伯来国王——大卫，是一位非常出色的军事家，他不仅带领士兵打退了敌人的进攻，还乘机对外扩张，夺取了耶布斯城。大卫将首都迁到耶布斯，并将其改名为耶路撒冷，意思是"和平之城"。自此，耶路撒冷成为犹太民族的圣地。

大约公元前930年，希伯来王国分裂成以色列王国（定都撒玛利亚）和犹大王国（定都耶路撒冷）。公元前722年，以色列王国被亚述人所灭，以色列国王及其臣民被送往亚述帝国的边远地带，从此杳无音信，残留的部分以色列人也逐渐被其他民族同化。

以色列王国被灭后，犹大王国的日子更艰难了，努力生存100多年后，于公元前586年被巴比伦人所灭，王宫里的宝物被抢走，王室、勇士和有技能的民众都被掳走，开启了"巴比伦之囚"的悲惨生活。

二、流亡生涯

此后几百年间，生活在迦南地区的犹太人被不同的国家统治，虽然中间曾有过短暂的独立，但又被罗马帝国征服。公元135年，犹太人再次起义反抗罗马帝国的统治，只是又失败了。罗马皇帝除了将耶路撒冷夷为平地，还下令把所有犹太人赶出巴勒斯坦。幸存下来的犹太人不得不离开巴勒斯坦，流散到世界各地。从此，犹太人开启了长达1800多年的流亡生涯，直到1948年5月14日根据联合国大会通过的关于巴勒斯坦分治的决议，以色列国家正式成立，犹太人才又有了自己的祖国。

犹太人离开巴勒斯坦后，便流亡到欧洲各地。没有国家的人民根本没有什么尊严、地位可言，走到哪里都是"下等人"。很多国家规定犹太人不能当官，不能种田，不能从军，不能拥有自己的土地等不动产，这样一来，犹太人只能从事一些当地人不愿意从事的工作，比如经商，于是犹太人成了当时地位最低的商人。

犹太人经商历史悠久，还在迦南时就跟当地人学习经商，并从事油、香料的贸易，积累了不少经商经验。犹太人的《圣经》《塔木德》里面也有很多关于金钱的观点和经商的经验，犹太孩子从小就熟读这些经典，再加上父辈的谆谆教诲，耳濡目染之下他们比其他民族具有更强烈的经商意识。此外，犹太人在苦难的流亡生涯中深刻认识到钱不仅是财富的象征，还是他们活下去的保障。金钱能让"举起屠刀的人发呆"，是"现实的上帝"。

不断流亡的日子虽苦，但也让犹太人的思想更加开放、眼界更加开阔，他们不再有国家、种族的限制，也不固定在某片区域生活，而是在世界各地活动，成为国际贸易的领导者。公元 7 世纪开始，犹太人在欧洲、非洲及亚洲从事贸易活动。

三、各地"排犹"运动

在中世纪的欧洲，很多人都信仰基督教，基督教规定不能做用钱赚钱的生意，也就是不能做贷款生意，但犹太教却没有这样的规定，于是一些通过经商赚到钱的犹太人秉持"有钱不置半年闲"的原则，开始从事放贷这种当地人认为"下贱"的工作。就这样，犹太人阴差阳错地成了欧洲最早一批的商人和最早一批的银行家，并因此逐渐成为欧洲最富有的一批人。

罗马帝国解体之后，分裂成无数小的封建君主国，而且这些小国之间战争不断。常年战争，加上贪图享受，这些封建君主非常需要钱，这时那些富有的犹太人便成为封建君主争相拉拢的对象，而犹太人为了获得更大的利益和更多的权力，也乐得把钱借给各国君主。

犹太人的这种行为在那些信奉基督教的民众看来是罪不可赦的，所以，当时欧洲民众对犹太人的印象普遍不好，认为犹太人为了利益无恶不作。有些君主欠犹太人的钱太多甚至多到无力偿还时，就动起了歪心思。他们利用基督教跟犹太教的矛盾及大家的"仇富"心理，发动"排犹"运动，将犹太人洗劫一空后赶了出去。对没有强大国家和军队做后盾的犹太人来说，财富有时也是一种灾难。

1275 年，英格兰国王爱德华一世响应教皇格里高利十世关于消灭高利贷的号召，在王国实施禁止犹太人放高利贷，强迫其转行，这一政策失败后，于 1290 年将犹太人赶出了英格兰；1306 年，法国腓力四世没收犹太人的财产，将犹太人驱逐出境；1347 年，欧洲黑死病暴发，欧洲王室为了转移矛盾，将原因推到犹太人身上，不仅没收犹太人的财产、驱逐犹太人，还大肆屠杀犹太人；1492 年，西班牙利用从犹太人身上搜刮的财富，支助哥伦布去新大陆探险；1496 年，葡萄牙也如法炮制。

一次又一次的迫害，让犹太人更加团结。他们通过宗教、文化和经济利益，将流散在世界各地的犹太人联系起来，构成了一种网络化的社会结构，以便遇到困难时可以互相帮助。一次又一次的迫害，让犹太人明白虽然他们很富有，但是因为没有国家和军队做后盾，他们就是那"待宰的肥羊"，谁都可以任意屠杀。为了改变这种可怕的命运，犹太商人决定用手里的财富和知识去努力争取，他们要做"牧羊人"而不是"待宰的肥羊"。从此，犹太人开始低调行事。他们有的放弃自己的犹太姓氏；有的表面上改变自己的宗教，做生意也不再直接出面，而是躲在幕后进行操纵，并暗中策划建立自己的国家。

四、拓展商业领域

各地的"排犹"事件让犹太人不得不从南欧迁往北欧，其中一部分人来到尼德兰。随着犹太人的到来，这里的贸易开始繁荣起来，之前手工作坊里带有人身依附色彩的师徒制逐渐演化为带有资本主义萌芽色彩的雇佣制。但好景不长，到 16 世纪初，尼德兰成为西班牙的附属国，这意味着这里犹太人的好日子到头了。

1566 年，尼德兰爆发了第一次资本主义革命。在犹太商人的暗中支助和策划下，1581 年，尼德兰北方省份组成的乌特勒支同盟发表了独立宣言，宣布脱离西班牙的统治，成立了具有资本主义性质的联省共和国（也称荷兰共和国），而南方继续处在西班牙统治之下。从此，荷兰成为犹太人的"天堂"。荷兰是一个崇尚商业的地方，犹太人依靠金融资本获得了极高的地位，他们可以在这里自由地贸易。

1595 年 4 月至 1602 年间，荷兰陆续成立了 14 家以东印度贸易为重点的公司。为了避免过度竞争，这 14 家公司合并成为一家联合公司，也就是荷兰东印度公司。筹集到足够的钱后，东印度公司的舰队就出海做生意了。这时，聪明的犹太人又发现了一个快速赚钱的方法，那就是炒作东印度公司将会赚到更多的钱，这样，持有东印度公司股票的犹太人就能把之前他们购买的东印度公司股票以更高的价格卖出。于是，世界上第一个正式的股票交易所——阿姆斯特丹证券交易所便诞生了。

随着荷兰东印度公司的贸易往来越来越多，世界各地的商人纷纷前往荷兰做买卖。可是，由于各个国家的商人使用的货币不同，交易起来很不方便，犹太人见此情形，根据以往开办银行的经验，又成立了第一家具有现代意义的银行——阿姆斯特丹银行。来这里进行贸易的商人，只要在阿姆斯特丹银行将自己的货币换成"标准货币"，就可以自由买卖了。这些金融创新让东印度公司的生意越来越好。经过几十年的努力，到1669年，荷兰东印度公司便成了当时世界上最富有的公司，其背后的犹太商人也成了欧洲最富有的人。腰包鼓起来的荷兰犹太人开始资助法国、英国和德国这些地方的犹太人，让其同胞成为这些国家的重要资本家。这时，德国的犹太人罗斯柴尔德的家族崭露头角，成为新的"欧洲之星"，并构建了国际金融资本的新秩序。

犹太人在商业领域积极拓展的同时，也不忘对犹太教传统进行深刻反思。这时，有着"犹太人中的苏格拉底"之称的摩西·门德尔松提出要剔除犹太教中一些愚昧的、非理性的、不合时宜的条款，以减少犹太教与世俗文化之间的冲突，并号召犹太人走出故步自封的境地，真正融入当地人的生活。摩西·门德尔松主张犹太学校不仅要开设宗教课程，还要开设诸如数学、物理、历史、美术等基础课程，以及农业、手工业、商业等技术课程。1781年，柏林开办了第一所犹太自由学校。此后，类似这样的世俗学校便如雨后春笋般在世界各地建立起来。

在摩西·门德尔松的影响下，犹太人开始了轰轰烈烈的哈斯卡拉运动（**犹太人兴起的一种社会文化运动**）。一些犹太青年脱下长袍、刮去胡须，说欧洲语言，进出社交场合，有的甚至去上大学，成为"欧洲化"的知识分子。这场运动让古老的犹太教开始步入现代化的进程。不过，许多犹太人却因此彻底舍弃了犹太教。

五、到美国淘金

1789 年，法国颁布了号称"人生而自由，在权利方面一律平等"的《人权宣言》。法国犹太人看到《人权宣言》后备受鼓舞，开始积极行动起来。经过不懈的努力，法国犹太人终于在 1791 年获得了公民权。此后，在拿破仑铁骑所到之处，荷兰、意大利、罗马、葡萄牙、西班牙等地的犹太人也获得解放。但是，由于拿破仑在滑铁卢战败，犹太人获得的公民权除了荷兰予以保留，其他地区又取消了。

一些失去公民权的犹太人决定迁徙至遥远的美国躲避灾难。据传，当时逃难到美国的犹太人身上平均只有 9 美元的资金，最多也不超过 30 美元，但善于经商的犹太人就是依靠这点微薄的启动资金，通过两三年的努力便从难民变成了富有的中产阶级，有的甚至成为大富豪，如迈耶·古根海姆、亨利·雷曼、马库斯·戈德曼等。其中让人津津乐道的就是李维·施特劳斯的传奇故事，他通过向淘金者贩卖帆布裤子，不仅获得大量金钱，还创造了世界著名品牌 Levi's（李维斯）。

这些成功的故事激励着更多的犹太人来美国"淘金"。1880 年，犹太人只占纽约人口的 1/10；到了 1915 年，犹太人约占纽约人口的 1/3，多达 140 万；现在，纽约已经成为世界上犹太人口最多的城市。根据 2022 年犹太机构发布的统计数据，除了以色列，美国是第二大犹太人口国家。

20 世纪初，随着美国经济结构的调整，美国企业从劳动密集型转向技术密集型。这对重视教育的美国犹太人来说是改变社会地位的好机会，很多拥有高学历的犹太人开始成为各行各业的精英，有的甚至成立了自己的公司，在美国崭露头角。

六、犹太人的噩梦

此时，生活在德国的犹太人的待遇，跟生活在美国的犹太人的待遇简直判若霄壤。第一次世界大战德国失败以后，有人鼓吹战败是因为犹太人在背后捣鬼；有人鼓吹是犹太人想要牟取暴利、控制世界进而发动了战争；还有人把犹太人与共产主义运动联系起来，说犹太人想要利用马克思主义来破坏人类文明，征服整个世界，德国甚至有人喊出了驱逐犹太人、杀死犹太人的口号。

1920 年，希特勒在集会上公开攻击犹太人。1933 年，上台以后的希特勒更是将反犹运动变成德国的国策，要求其他欧洲国家要跟德国采取一样的反犹行动。1935 年，希特勒颁布了反犹法——《纽伦堡法案》，德国犹太人被剥夺了一切公民权，希特勒的目的是让犹太人"滚回他们的隔都""罪有应得地死掉"。

随着德国闪电战的推进，被德国占领的其他欧洲国家开始驱逐犹太人，跟几百年前一样，被驱逐的犹太人需要把财产上交。德国扩张的速度太快，快得超过驱逐的速度，以致被德军占领的地区还生活着没来得及驱逐的犹太人。这些犹太人被限制在隔离区生活，被迫参加强制劳动，然后又被残忍地屠杀。

1941 年，德国偷袭苏联后，开始对苏联地区的犹太人进行大规模屠杀。德国纳粹分子觉得用手枪一个一个射杀太慢，不及用毒气予以屠杀来得快。纳粹分子在"最后解决""特别行动队""集中营"等特别命令下，将大约600 万无辜的犹太人残忍地杀害，其中包括 100 万儿童。欧洲人不得不反思，现代文明到底哪里出了问题？

其实，在纳粹实施惨绝人寰的大屠杀之前，有些犹太人是可以通过移民其他国家躲避这一灾难的，但那些以自由民主自居的欧美国家出于自身利益的考虑，不仅没有降低犹太移民条件，甚至还对犹太移民进行了严格的限制，以致很多犹太人由于无处可逃而被困死。有的犹太人明明已经逃出了欧洲，但因为没有国家接受，最后不得不重返欧洲，在纳粹分子的屠刀之下引颈就戮。

"犹太大屠杀"让犹太人迫切希望建立一个自己的国家，以便在危难时刻有可以避祸的地方。1948 年，犹太民族 2000 年的复国梦终于变成了现实。现在，经过几十年的奋斗，以色列已经成为中东地区现代化水平最高的国家，其竞争力位居世界前列。

在犹太人辗转流散世界各地的过程中，有些犹太人抓住机遇建立了庞大的商业帝国，并通过合并、收购等方式发展成既拥有雄厚的资本实力又具有强大的市场影响力和控制力的财团。这些由犹太人创建或控制且具有强大实力和广泛影响力的财团，我们将其称为犹太财团。犹太财团起源于中世纪的欧洲。当时碍于种种限制，犹太人不得不从事商业和贷款业务，因此积累了大量的财富。这些富裕起来的犹太人开始投资各种产业，并掌控了金融机构，逐渐发展成欧洲的金融和商业巨头。犹太财团一般由多个犹太家族组成，这些家族通过婚姻、商业合作等方式形成紧密的联盟。他们涉足金融、投资、娱乐、媒体等多个领域，通过投资和控股多家公司，积累了巨大的财富并形成广泛的影响力，继而又通过他们的财富及影响力去影响部分国家的政治和经济，从而影响全球金融市场的波动和各国经济的发展。

第一章　富过八代的罗斯柴尔德家族

　　罗斯柴尔德家族是由梅耶·阿姆谢尔·罗斯柴尔德创立的一个欧洲金融家族。在其最辉煌的时期，世界主要经济体的国债由他们发行，每天黄金交易的开盘价格由他们确定，世界各国的股市波动跟随他们的资本走向而变动，他们就是世界金融的风向标。因此，他们与当时的大英帝国、普鲁士、法兰西、奥匈帝国、俄国并称为"六大帝国"。他们五箭齐发的家族族徽也成了财富和权力的象征。如今，200多年过去了，罗斯柴尔德家族依然是世界上最有权势的金融家族之一。

　　罗斯柴尔德家族到底有多少财富还真是未知，因为他们祖上规定不许对外公布财产状况。他们涉足的产业包括金融、投资、航运、能源和金属矿产资源等多个领域，如罗斯柴尔德银行、拉菲酒庄、戴比尔斯钻石、英美资源集团、奔驰汽车等。

第一节　罗斯柴尔德家族的缔造者

1744年，在德国法兰克福犹太隔离区，一个名叫梅耶·阿姆谢尔·罗斯柴尔德（Mayer Amschel Rothschild，1744—1812）的犹太小孩儿出生了。

梅耶的到来给家里带来了快乐和希望，晚上一家人围坐在一起读一些犹太教的典籍。梅耶的父亲是一名小生意人，不忙的时候喜欢给梅耶讲一些做生意的诀窍，梅耶也展现出惊人的经商天赋。只是世事难料，在梅耶9岁的时候，他父亲因为生意做得太好引起同行的嫉妒而被人诬陷，不仅被罚光了所有家产，还背上了高利贷。

后来梅耶的父母相继去世，梅耶只好暂停学业，去奥本海默家族银行做学徒。因为父亲的悉心培养，梅耶很快上手，四年后就被提升为办事员。梅耶如果继续努力奋斗下去，也许60岁时能成为银行合伙人。对于这样的成长速度，梅耶并不满意，他开始寻找其他商机。他发现可以把有钱人不要的衣服清洗干净后再低价卖给穷人，这样不用成本就可以赚到一些钱，于是他做起了二手服装店的老板。

一、成为王室供应商

在做二手生意时，梅耶发现上流社会流行收藏古钱币。德国还没统一之前是由很多小公国组成的，这些小公国都发行自己的货币。一些喜欢攀比和炫耀的贵族就以收藏各国勋章、货币为荣。

看到这里面的巨大利润后，梅耶果断将积压的二手服装全部低价处理，然后全身心投入古钱币的买卖中。他白天在垃圾堆里不停翻找，晚上将收集到的旧勋章、旧钱币清洗打磨，分类整理成册，然后成套卖掉，赚了不少钱。

虽然有了钱，但梅耶的社会地位因为犹太人的特殊身份并没有什么变化。一天，梅耶在犹太隔离区外碰到三个基督教籍的小流氓，他们对梅耶不停地狂喊："犹太猪，履行你的义务……"

当时法兰克福规定，犹太人听到这句话后必须摘下帽子，对喊话者弯腰行礼，不管喊话者是三岁小孩还是疯子。梅耶听到喊话后赶紧摘下帽子，不停地对三个小流氓行礼。周围人也不停喝彩，小流氓看到有人起哄就更加放肆了，他们又让梅耶给自己擦鞋。在众人的哄笑声中，梅耶赶紧掏出随身带的手帕，蹲下身子去认真擦鞋。小流氓一脚将梅耶踹倒，喝道："犹太猪，谁让你蹲着给我擦了？你要跪着给我擦！"梅耶赶紧爬起来，然后跪下给小流氓擦鞋。

身为犹太人的梅耶从小就对这样的事情习以为常，没觉得太过屈辱，因为他明白自己现在受委屈，只是为了以后能跳得更高！

父亲的惨痛遭遇和自己的切身经历让梅耶明白：一个身份低微的犹太人，想不被别人欺辱就要取得巨大的成功；想获得成功并守住自己的财富，必须找权贵做靠山，最好能和王室成员一起散步。经过一番细致的分析，梅耶将目标锁定为黑森－卡塞尔伯国的威廉王子。威廉王子深受黑森－卡塞尔伯爵腓特烈二世的喜爱，有望继位成为下一任伯爵。而且，威廉王子还是一个狂热的古钱币收藏者。

为了接近威廉王子，梅耶将自己收集的古钱币以极低的价格卖给了跟威廉王子交往密切的埃斯多夫上校。后来，在埃斯多夫上校的引荐下，梅耶见到了威廉王子。一见面，梅耶便送了威廉王子一套当时极其罕见的银币，赢得了威廉王子的好感。后来，梅耶又以极低的价钱卖给威廉王子一些稀有的古钱币、古勋章。

就这样，梅耶吃了四年的亏，觉得是时候索取回报了，于是他给威廉王子写了一封信，说他想要成为宫廷代理人，在信的结尾处还说如果这个请求不便实现，希望能得到商业上的尊重。经过这几年的接触，威廉王子觉得梅耶不仅谦卑有礼，还很会为他考虑，是个值得信任的人，于是1769年威廉王子授命梅耶为他的宫廷代理人之一。

得到威廉王子的正式授权后，梅耶马上在自家寒碜的店门上钉上"王室供应商"的铜牌，然后利用这个身份开启了家族腾飞之路。梅耶逐渐扩大自己的经营范围，并利用赚到的钱去放贷，很快成为法兰克福名闻遐迩的富豪之一。

二、成为法兰克福最富有的人

梅耶觉得想要生意长久，必须有良好的人际关系，不仅要跟权贵搞好关系，还要跟权贵身边的亲信搞好关系，所以他跟威廉王子搞好关系的同时，也没忘记跟其周围的人搞好关系，尤其是威廉王子的亲信、掌管着威廉王子的"钱袋子"的首席财政官——布达拉斯。双方接触过几次后，梅耶发现虽然布达拉斯的权力很大，但由于受到同事孤立，无法将手里的权力"变现"，于是善解人意的梅耶跟布达拉斯私下达成一个约定：只要布达拉斯从威廉王子那里给梅耶拉来投资，梅耶就会拿出一部分利润分给布达拉斯。这个私下约定后来也成为罗斯柴尔德家族与权贵建立政商关系的秘诀。

机会总是留给有准备的人。1802 年，丹麦国王想跟他的表兄弟威廉九世（威廉王子已经继承父位，成为黑森－卡塞尔伯爵）借钱，威廉九世担心万一自己的表兄弟到时还不上钱，自己碍于亲戚关系也不好意思出面催债，但他又不想放弃这个挣钱的机会，于是便跟布达拉斯商量。布达拉斯乘机向威廉九世推荐了民间放贷人——梅耶。依靠这个机会，梅耶赚取了一大笔钱，当然他也没有忘记提携自己的布达拉斯，给了布达拉斯一部分提成。

在布达拉斯的帮助下，梅耶彻底取得威廉九世的信任，成为威廉九世的主要银行家，后来又成为威廉九世的私人财务顾问。威廉九世将自己的资产交给梅耶管理，梅耶凭借威廉九世的资本和人脉乘机将自己的业务拓展到欧洲各地，成了法兰克福最富有的人。

梅耶依靠自己的智慧，成为罗斯柴尔德家族的扛把子，并以其言传身教让五个儿子也成长为出色的商人。梅耶将五个儿子分别派往欧洲几个关键的城市，并帮助他们站稳脚跟，让他们成为传说中的"罗氏五虎"，从此奠定了罗斯柴尔德家族在欧洲金融界的地位。

第二节　老罗家的三儿子

　　18 世纪 60 年代开始的英国工业革命让棉纺织技术获得突飞猛进的发展，英国的纺织品成为德国的抢手货。梅耶看到这个巨大的商机后，让自己的三儿子内森·梅耶·罗斯柴尔德（1777—1836）到英国寻找商机。为了帮助儿子快速站稳脚跟，梅耶经常写信给内森，跟他探讨英国的生意。在父亲的悉心指导下，内森很快掌握了做生意的窍门。

一、借鸡生蛋

　　1806 年，拿破仑对英国实施贸易战，不准英国及其殖民地的船只进入法国及其管辖地区的所有港口。因为法国的贸易禁令，英国的货物大量积压。这时，内森给父亲发了一封密信。内森分析：尽管法国是战争中的胜利者，但其工业水平相对落后，其生产能力无法满足法国及被征服国家的庞大工业需求。在这种情况下，拿破仑还对英国实施贸易禁令，这会给包括法国在内的欧洲民众带来沉重的经济压力。内森因此建议罗斯柴尔德家族应该使用走私这一非常规手段，将英国的货物高价卖到那些急需物资的欧洲国家。

梅耶觉得内森的判断非常正确，决定采纳他的建议。根据多年的行商经验，梅耶知道要从拿破仑军队的眼皮底下搞走私，必须先找一个强大的政治后台，否则难以行事。于是，罗斯柴尔德家族花重金收买了拿破仑的宠臣缪拉，让他为罗斯柴尔德家族的走私保驾护航。在缪拉的保护下，英国的货物通过罗斯柴尔德家族的船队被运往欧洲各地，然后又通过罗斯柴尔德家族强大的分销渠道被快速卖给各国批发商。

为了赚取更多的利润，内森急需更多的资金，于是他写信向父亲梅耶求助。深谙"借鸡生蛋"秘诀的梅耶找到布达拉斯，说服布达拉斯鼓动威廉九世购买英国国债，并聘任恰好在英国的"忠心耿耿的罗斯柴尔德"的三儿子内森做代理人。内森觉得替威廉九世做事是一种无上荣耀，所以只愿收取市场价的1/8作为代理费。

布达拉斯在威廉九世面前舌灿莲花，终于说动威廉九世答应拿出15万英镑给内森，用于购买英国国债。这笔钱被布达拉斯以各种借口扣押在手三个月后，终于给了内森。内森拿到15万英镑后，迅即用于购买英国货物，然后运往欧洲各地卖掉，连本带利赚回了40万英镑。这时，内森才去给威廉九世购买了英国国债，然后将15万英镑的国债购买凭证交给威廉九世。此后几年，威廉九世又让内森购买了几次英国国债，每一次内森都乘机挪用。在内森的运作下，罗斯柴尔德家族的财富又增加了。

二、成立银行

内森在伦敦积极为罗斯柴尔德家族积累资本时，他的四个兄弟也没闲着。老大阿姆斯洛留在罗斯柴尔德家族的大本营——法兰克福，跟父亲打理家族生意；老二所罗门在维也纳建立了罗斯柴尔德家族奥地利分部；老四卡尔开辟了意大利市场；老五詹姆斯进军法国市场。兄弟五个如五只猛虎，带领罗斯柴尔德家族走出德国，走向欧洲。

因为拿破仑对英国的贸易禁令，英国在 1810 年到 1811 年爆发了严重的金融危机。敏锐的内森在此之前就意识到英国的黄金价格会不断上涨，于是在 1810 年购买了 80 万英镑的金条。当时内森的很多朋友都觉得内森太过冒险，拿自己几乎一半的身家去买黄金，简直有些疯狂。结果刚过几个月，英国政府就花高价从内森手里将这批金条买了回去。

1812 年，69 岁的梅耶去世了，老罗家最具胆识的三儿子内森成为罗斯柴尔德家族第二代掌门人。

受父亲梅耶的影响，内森也认为政治和金融从来都是手拉手紧密相连的，所以他到英国后一直维系着跟英国王室的关系。1814 年，当英国政府让内森帮忙突破拿破仑的封锁，将军需款金条运到威灵顿公爵手里时，内森爽快答应了，并完美地完成了任务。通过这次交易，罗斯柴尔德家族取得了英国政府的高度信任。内森发现，为政府提供金融服务相对稳定，获利也更多，于是，他决定成立英国罗斯柴尔德银行。这个决定拉开了罗斯柴尔德家族开展金融业务的帷幕。

三、滑铁卢战役背后最大的赢家

罗斯柴尔德家族认为"信息等于金钱"，一直都有重视情报信息搜集的传统。为此，他们花了一大笔钱，专门建立了一个庞大且高效的信息网络。这个信息网络让他们成为滑铁卢战役背后最大的赢家。

1815年6月18日，正当拿破仑和威灵顿公爵在滑铁卢决一死战时，英、法两国的证券市场也在上演生死角逐，成千上万的投资者焦急地等待战争的最后结局。如果英国胜利，那么英国国债会猛涨，法国国债会猛跌；如果法国胜利，那么法国国债会猛涨，英国国债会猛跌。这意味着押对注的人将一夜暴富，押错注的人将倾家荡产。押对还是押错，主要取决于谁先得到滑铁卢战役最终结局的战报。

对于英、法两国的战争，内森早就在两边都做了妥善的安排。当那天傍晚，拿破仑败局已定时，情报员就将法军战败的消息传送给了梅耶的小儿子詹姆斯。詹姆斯将信息整合后，写成只有两行字的密码信件，抄写了6份，从6条不同的线路送给内森。内森收到信息后，马上去往伦敦，比政府急件快递员还快好几个小时。

回到伦敦后，内森在威灵顿公爵的信使到来前就把英国战胜的消息告诉了英国政府，但当时没人相信。内森也没管这些，急忙走进伦敦的股票交易大厅，让自己的代理人开始抛售手里的英国国债。其他代理人看到罗斯柴尔德家族都在抛售，以为英国战败了，也开始疯狂抛售手里的英国国债，导致英国国债被打到相当低的价位。这时，内森又让代理人偷偷抄底，大量买进，成为英国国债的最大持有人。

第二天一早，当报纸上刊登了"滑铁卢战役大捷"的消息后，英国国债跳空高开，罗斯柴尔德家族凭借几个小时的时间差狂赚 2.3 亿英镑。罗斯柴尔德家族在英国一举成名，控制了英格兰银行，拥有英镑发行和黄金价格的决定权。此后几十年，随着英国殖民地的扩张，罗斯柴尔德家族的业务越做越广，投资版图也越来越大，从工商业、铁路、通信扩张至钢铁、煤炭、石油等领域，财富也越积越多。

罗斯柴尔德家族的快速发展得益于他们敏锐的判断力，而他们的判断力来源于罗斯柴尔德家族快速、准确、发达的信息网络。罗斯柴尔德家族第六代掌门人大卫·罗斯柴尔德曾说："我们家族所从事的领域确实需要敏锐的判断力，但这个判断力是基于掌握足够多、足够准确的信息和情报的。你如果闭门造车，那怎么可能成功呢？所以，我们家族一直跟政府走得比较近，这样，政府想什么，公众渴望什么和害怕什么，我们就会一清二楚。此外，我们也跟一些大公司走得比较近，这样，我们对于这些大公司的战略就会了如指掌。通过几代人的努力和经验积累，我们的判断力也更加敏锐了。"

第三节　罗斯柴尔德家族的商场沉浮

在 1848 年的欧洲舞台上，一系列波澜壮阔的武装革命在平民与贵族之间激烈展开，掀起了历史的巨浪。其中，法国的二月革命尤为引人注目，它不仅迫使法国国王仓皇逃往英伦，而且让罗斯柴尔德银行发行的公债变成废纸，有人说"革命让罗斯柴尔德家族的财富减少了一半"。这场历史风暴导致罗斯柴尔德家族陷入了前所未有的困境。

还好梅耶的小儿子詹姆斯颇有先见之明，在欧洲大革命之前就派贝尔蒙特到美国投资。在罗斯柴尔德银行最艰难的时期，是贝尔蒙特运送来的白银将罗斯柴尔德银行从困境中解救出来，罗斯柴尔德家族也慢慢恢复了部分元气。1853 年，罗斯柴尔德家族购买了木桐酒庄。1868 年，罗斯柴尔德家族又以 440 万法郎的价格获得拉菲酒庄的所有权。

一、帮助英国取得苏伊士运河部分股份

1869 年，法国与埃及共同修建了连接地中海和红海的苏伊士运河。苏伊士运河的开通严重影响了英国海上霸主的地位，英国一直想将苏伊士运河据为己有，可是一直没有找到合适的机会。

1875 年的一天，罗斯柴尔德家族第四代家族掌门人莱昂内尔正与英国首相本杰明·迪斯雷利聊天时，突然接到法国罗斯柴尔德银行送来的情报，说埃及总督因为欠下太多钱想将手里掌握的苏伊士运河的股票卖给法国政府，不过法国政府的报价太低，埃及总督想卖给出价高的国家。

迪斯雷利得知这个消息后非常兴奋，再次询问获悉，埃及总督想卖 400 万英镑。只是当时恰逢英国议会在休假，没法从英格兰银行贷款，如果找其他银行也来不及筹集这么多钱，还可能走漏风声，让法国捷足先登，于是迪斯雷利让莱昂内尔帮帮忙。

莱昂内尔一直想跟英国的核心决策层搭上线，以便获得更多的利益。眼下有这么好的机会，莱昂内尔毫不犹豫就同意了，以 15% 的年息给英国贷款 400 万英镑。英国顺利买下苏伊士运河的部分股份，莱昂内尔也成为英国人人称赞的大英雄。

莱昂内尔出手相助，让罗斯柴尔德家族成为英国的大恩人，一时之间罗斯柴尔德家族在英国风头无两，其影响力一度超过了巴林银行，罗斯柴尔德家族跟英国政府的关系也因此更上一层楼。从 1885 年到 1893 年，罗斯柴尔德家族银行承包了埃及的债券发行，不仅赚了个盆满钵满，还扩大了罗斯柴尔德家族的影响力。此后，随着英帝国主义的海外扩张，罗斯柴

尔德家族的影响力也随之扩大。

1899 年，英国同布尔人（指荷兰移民后代阿非利卡人）建立的德兰士瓦共和国为争夺南非领土和资源爆发了第二次布尔战争，罗斯柴尔德家族想要利用其雄厚的金融实力为这场战争提供融资支持，却被英国政府否决了。英国最终选择了来自美国的金融巨头 J.P. 摩根为合作伙伴，这一决定预示着罗斯柴尔德家族在金融界的影响力正在减弱，新时代的金融格局正在悄然改变。

1900 年，与沃尔特·罗斯柴尔德关系密切的温斯顿·丘吉尔成功当选为议员。当沃尔特提出想在巴勒斯坦建立犹太国的宏大构想时，丘吉尔表示自己会全力支持这个提议。作为回报，沃尔特也承诺罗斯柴尔德家族会为丘吉尔在政治道路上的发展提供必要的资金支持。

二、《贝尔福宣言》

1917 年，英国外务大臣贝尔福给沃尔特写了一封具有历史意义的信件。这封信件后来被广泛称为《贝尔福宣言》。在信中，贝尔福以国家的名义郑重承诺，英国将支持犹太人在巴勒斯坦建立一个犹太人的国家，不过前提是必须保证当地居民的公民权利和宗教信仰自由不受侵犯。这个宣言发布后，不仅粉碎了德国所在同盟国试图争取犹太人支持的计划，还成功地将世界犹太人的力量凝聚到英国所在的协约国一方，为第一次世界大战中协约国的胜利奠定了坚实的基础。

虽然罗斯柴尔德家族在第一次世界大战中有所获利，但同盟国和协约国的矛盾导致分布在世界各地的罗斯柴尔德家族银行（尤其是维也纳银行与伦敦银行、巴黎银行）之间的联系中断，让罗斯柴尔德家族银行一直维系的金本位开始摇摇欲坠，J.P.摩根取代了罗斯柴尔德家族成为战争金融的核心。不过，已经经历多次危机的罗斯柴尔德家族并没有就此倒下。1919年，随着从伦敦出口黄金的禁令被取消，罗斯柴尔德家族开始掌握现代黄金定价权。

1938年，德国和奥地利爆发了一系列血腥的排犹暴乱，犹太民族陷入了前所未有的浩劫之中。无数犹太人被逮捕和屠杀，商店被洗劫一空，教堂被焚烧或拆毁。在这场灾难中，罗斯柴尔德家族也未能幸免，家族成员被伤害，家族财产被无情抢劫，家族企业被纳粹接管。在其他被纳粹占领的地方，类似的掠夺行为也肆无忌惮地上演着。除了那些没被纳粹发现的财产外，罗斯柴尔德家族的大部分财富以及家族成员个人收藏的艺术品都被直接抢走，或者以极低的价格"买走"。

罗斯柴尔德家族为了犹太民族的生存与尊严，在金融领域的战场上跟纳粹势力展开了无数次交锋。同时，家族中所有符合服役年龄的成员都投入反纳粹的斗争中，他们用自己的方式为抵抗纳粹暴政贡献着力量。其中，贡献最大的是沃尔特的侄子，即罗斯柴尔德家族第六代成员——维克多，他以拆弹专家的身份勇敢地参与战争，无数次在生死之间游走，用专业技能为盟军的安全保驾护航。1939年，维克多还通过对德国银行系统的全面分析，推断出希特勒准备推进扩张计划。维克多也因此进入英国情报五局，成为世界间谍史上的传奇人物。

第二次世界大战让罗斯柴尔德家族损失惨重，不过他们并未因此一蹶不振。战争刚结束，那些曾逃亡到外地的法国罗斯柴尔德家族成员便陆续回国，准备重建家族产业。经过一番努力，罗斯柴尔德银行很快便恢复了战前的声誉与地位。

三、"二战"后罗氏家族的改革

"二战"以后，世界格局发生了重大改变，美国一举成为世界上最大的债权国，美元与黄金挂钩，成为第二个国际货币体系中的世界货币。随着黄金在国际金融体系中的地位逐渐削弱，传统国际债券的发行空间也受到压缩，这对一直采用家族经营方式的罗斯柴尔德银行来说是一个巨大挑战。

1970 年，为了适应新时代的发展，罗斯柴尔德家族第五代掌门人伊夫林将家族式的合伙人制变为有限责任公司制，并开始涉足企业并购案。罗斯柴尔德银行开始积极投资实业，尤其是传媒和电信业，比如投资了英国第一批的独立电视台 ATV。

1982 年，法国政府要求凡是存款超过 10 亿法郎的银行都要变成大众持股企业，罗斯柴尔德银行法国分部不得不放弃祖先创办的银行，开始创办一家全新的银行。在大卫·罗斯柴尔德的带领下，经过 20 多年的发展，罗斯柴尔德银行重新成为法国最成功的投资银行之一。

进入 21 世纪后，罗斯柴尔德家族开始布局中国。2000 年，罗斯柴尔德中国控股有限公司成立，伊夫林亲自担任董事长。罗斯柴尔德在中国的投资主要有并购咨询、金融投资、实业投资三大板块。

2003 年，罗斯柴尔德银行英国和法国分部合并，统称为"罗斯柴尔德集团"，家族中心也从英国移到法国，大卫成为第六代掌门人。

2004 年，经过一番战略分析，大卫决定放弃掌管了近 200 年的黄金定价权，退出伦敦黄金定价体系。

2008 年，世界金融危机爆发，罗斯柴尔德家族得益于保守的投资策略，不仅没有遭受任何损失，还成为荷兰、英国等 10 多个国家的财务顾问。2009 年，大卫访问中国时曾解释：家族已经传承了 200 多年，想长久传承下去，投资时会仔细考虑风险，回避一些高风险的投资，进而选择一些相对保守的投资，正是这个保守策略才让家族企业在 2008 年金融危机中得以保全。

2011 年，雅各布·罗斯柴尔德为旗下一只新私募股权基金做调查来到中国，并在北京大学发表演讲。在演讲中，雅各布表示中国未来 10 年有多个领域都有巨大的投资潜力。

2018 年，大卫的儿子亚历山大·罗斯柴尔德成为罗斯柴尔德家族第七代掌门人。亚历山大曾经在美国银行和贝尔斯登接受过相关业务训练，他表示要扩大罗斯柴尔德银行在美国市场的影响力。

在当今的投资舞台上，罗斯柴尔德家族的第八代传人已崭露头角，他们正在全力以赴地探索如何续写家族的辉煌篇章，成为真正的罗斯柴尔德家族翘楚。

罗斯柴尔德家族这个传承了 200 多年并历经了两次世界大战和无数次经济周期的古老家族，至今仍然屹立在世界金融领域之巅，他们在欧洲乃至世界金融史上留下了浓墨重彩的一笔。

第四节 罗斯柴尔德家族财富传承之道

研究表明，大约70%的家族企业还没传到下一代就"阵亡"了，大约88%的家族企业根本传不到第三代，只有大约4%的家族企业能传到第四代，至于传到五代以上的，可谓凤毛麟角。但罗斯柴尔德家族企业从创立到现在，已经顺利传承了七代，第八代传人已经崭露头角。虽然现在罗斯柴尔德家族的影响力比鼎盛时期小了一点，但依然是世界著名的金融家族之一。

为什么罗斯柴尔德家族企业能长盛不衰，传承这么多代以后，还能保持其财富、影响力和地位？主要得益于他们家族独特的财富传承之道，具体有以下几点：

一、独特的家族文化

罗斯柴尔德家族是一个典型的犹太家族,非常注重家族文化和价值观的传承。他们始终坚守犹太人传统的精神圭臬,要求家族成员要团结、正直和勤奋。

家族创始人梅耶不仅在遗嘱中叮嘱家族成员要团结友爱,不能钩心斗角,还在临终前告诫五个儿子要团结,他说:"只有你们团结一致,才能所向无敌;你们分手那天,就是家族败落的开始。"

罗氏后人也谨遵梅耶的教诲,将罗斯柴尔德家族的族徽设计成一只大手抓着五支箭的形象,并且在下方写下"团结、勤奋、正直"字样,这是用《希伯来圣经》中"折箭训子"的故事来警示,提醒家族成员家族团结高于一切。

罗斯柴尔德家族第六代掌门人大卫曾说:"罗斯柴尔德家族企业之所以经历两次世界大战、纳粹的迫害、国有化冲击还能存在,主要原因就是家族所有成员都齐心协力,这也是罗斯柴尔德家族企业区别于其他金融机构而长盛不衰的秘密。"

对于"团结、勤奋、正直",大卫解释道:团结就是家族成员要团结友爱;勤奋就是家族成员都要努力工作,不能坐享其成;正直就是做的事要利人利己,不能仅仅为自己赚钱。

罗斯柴尔德家族后代想要进入家族企业,首先要在父亲的银行工作一段时间,然后再去叔叔的银行锻炼,接着还要独自去接管一座城市的生意,只有依靠自己的能力将那里的生意打理得很好,才有资格进入家族企业。

在罗斯柴尔德家族，不管是谁，都没有特权，都要用行动去证明自己。

为了罗斯柴尔德家族的财富传承，梅耶还在遗嘱中对家族成员的工作、婚姻、继承权等做了严格的要求。

梅耶要求罗斯柴尔德家族银行中的重要职位必须由家族内部人员担任，不能任用外人，并且只有男性家族成员才能参与家族企业的运作，女性家族成员不能参与家族商业活动。

为了防止罗斯柴尔德家族财富缩水和外流，梅耶对家族成员的婚姻做了严格的要求，规定家族通婚只能在表亲之间进行。罗斯柴尔德家族成员的婚姻一直遵守这条规则，直到 1967 年才做出一些改变，可以跟其他犹太银行家族通婚。

为了不让外界知道罗斯柴尔德家族的财产状况，梅耶要求家族成员不对外公布财产情况，并且继承财产时也不准律师介入。正因如此，直到现在也没人知道罗斯柴尔德家族到底有多少财富。

为了保证罗斯柴尔德家族的稳定，梅耶规定每家的长子为各家的首领，如果想让次子接班，需要家族成员一致同意才行。

为了防止有人不遵守自己的遗嘱，梅耶特别规定任何违反遗嘱的人将失去一切财产继承权。正是因为这条规定，罗斯柴尔德家族成员都坚决执行梅耶的遗嘱。

除此之外，罗斯柴尔德家族还有一些家规家训：

1. 重视兄弟和睦与家族团结的传统。

2. 不追求金钱，而是注重良好的人际关系。

3.教育子女拥有正确的金钱观。

4.警惕过于追求物质利益的思想倾向。

5.信息就等于金钱，从小开始重视信息的重要性。

6.世代相传搜集情报信息的传统。

7.不忘促使五兄弟和解的"五支箭"的教训。

8.犹太人之间互帮互助，共同发展事业。

9.世代保持捐赠的慈善传统。

中国古语有云："道德传家，十代以上；耕读传家，次之；读书传家，又次之；富贵传家，不过三代。"罗斯柴尔德家族正是秉承着"道德传家"的理念，坚持传承自己的家族文化，才能长盛不衰。

二、一套严格的合伙人制度

梅耶和他的儿子们于 1810 年成立了合伙经营的家族公司。在这个"父子公司"里，梅耶和他的儿子是生意上的合作伙伴，每个人都占有一定的股份，其中梅耶的股份最多，具有绝对控股权。

梅耶还跟他的儿子们签订了正式的合伙协议，协议明确规定了梅耶绝对的领导地位，在合同期间他可以撤回自己的股权，可以聘请或解雇公司员工，儿子们想要结婚必须得到他的许可。虽然这个协议过于苛刻，但它保证了罗斯柴尔德家族传承的基础，有效避免了家族成员之间的一些纷争，以防家族企业因为内部斗争而分崩离析。

后来，梅耶的五个儿子经过商议决定建立一种联合商业机构。他们五个合伙人根据各自的职责独立运行，但又互相合作，利润按占股比例进行分配，这样这个家族企业对外还是一个整体。为了适应时代的变化，他们每隔几年就会根据实际情况对协议进行修改。这种商业模式既灵活自由，又具有很强的凝聚力，能够长久发展下去。

三、多元化投资策略

罗斯柴尔德家族从来不把鸡蛋放在一个篮子里，他们采取多元化的投资策略。他们的业务和投资遍布全球，不管是欧洲、亚洲还是美洲，都有罗斯柴尔德家族企业或者他们投资的企业。他们的业务投资涉及金融、房地产、矿产、铁路、科技、媒体等多个领域。这种国际化经营和多元化的投资策略降低了投资风险，确保罗斯柴尔德家族资产的安全和增值。

罗斯柴尔德家族很早就知道矿产资源的重要性。虽然矿石资源前期投资所需周期长，资金要求多，但矿石资源是不可再生资源，具有稀缺性，等稳定开采后就会有源源不断的收入，所以罗斯柴尔德家族非常重视对矿产资源的投资。1830 年，他们就跟阿尔马登汞矿公司建立了联系。1834 年，他们以多出竞争对手 5% 的价格获得了阿尔马登汞矿公司的合约。此后，又投资了黄金、煤炭、铁矿、银矿、铜矿等。矿产投资给罗斯柴尔德家族带来了长期的稳定收入，大大减少了家族资产缩水的可能性。

为了开采铁矿和煤矿，罗斯柴尔德家族开始投资铁路建设。罗斯柴尔德家族后来发现修建铁路可以采用出售政府债券的方式筹集资金，于是大力投资铁路建设，并获得了丰厚的回报，进一步巩固了他们在金融界的地位。

此外，罗斯柴尔德家族还热衷于收藏古董、字画、雕塑、珠宝等。在罗斯柴尔德家族的沃德斯登庄园，摆放着一些罗斯柴尔德家族收藏的珍稀艺术品，这些珍稀艺术品不仅体现了罗斯柴尔德家族丰富的文化底蕴，还给家族的财富上了一道保险。因为珍稀艺术品是一种特殊的资产，具有保值增值的作用。

虽然罗斯柴尔德家族投资了很多领域，但他们的每笔投资都非盲目冲动所为，而是深思熟虑的结果。

四、坚持与时俱进

第五代掌门人伊夫林·罗斯柴尔德（内森的玄孙）说："时代永远不会因为没有罗斯柴尔德而停止前进，只有罗斯柴尔德跟着时代前进。"200多年来，罗斯柴尔德家族并不是一成不变，而是根据时代的变化及时调整家族企业的经营策略和业务方向，甚至连老祖宗梅耶定下的规矩也会有所变革。

梅耶曾经要求罗斯柴尔德家族银行中的重要职位必须由家族内部人员担任，不能任用外人。这条遗训罗斯柴尔德家族一直奉行了100多年，但是"二战"以后，华尔街上的很多银行、投资公司都开始采取分股让权的方式，以此引入优秀的外姓人才。经过慎重的考虑，伊夫林于1960年决定打破罗斯柴尔德家族的家规，引入外姓人士担任银行的重要职位，甚至担任董事。1960 年，非家族人士戴维·科尔维以合伙人的身份进入罗斯柴尔德家族银行。

1970 年，为了吸引更多的人才加入罗斯柴尔德家族银行，伊夫林直接将家族式的合伙人制变为有限责任公司制；同时，还规定只要员工业绩优异，就能升职，甚至进入董事会。

雅各布·罗斯柴尔德加入罗斯柴尔德家族银行后，对家族银行进行了改变，要求银行不仅能给客户提供资金支持，还能给客户提供专业的咨询服务，为此他创建了并购部，带领罗斯柴尔德家族银行向现代金融业的最高领域——企业并购进军，并取得极大的成功。现在罗斯柴尔德家族的企业并购已经在业内具有显著的影响力，中国吉利并购沃尔沃就是罗斯柴尔德家族银行操作的。

罗斯柴尔德家族在这 200 多年间创造过辉煌，也遭遇过激流险滩，甚至还陷入过破产的危机，但是他们却凭借重团结的家族文化、严格的制度、多元化的投资策略及与时俱进的精神成功克服了困难，保持着长盛不衰。

虽然机遇不会重来，财富不可复制，但罗斯柴尔德家族财富传承的智慧却可以借鉴。

第二章　华尔街之王——高盛集团

　　高盛集团（Goldman Sachs Group, Inc.）是由德国移民到美国的犹太人马库斯·戈德曼于1869年创立的，经过100多年的发展，如今已经成为一家全球知名的国际投资银行。高盛的总部在美国纽约，其业务版图横跨北美、亚洲和欧洲，不仅在美国投资银行界稳坐头把交椅，而且在全球投资银行界也稳居巅峰。

　　高盛集团的业务涵盖了投资银行、证券交易、资产管理和财富管理等多个关键领域，为企业、金融机构、（国家）政府及个人提供广泛的投资银行服务。凭借专业的团队和强大的国际运作能力，高盛能够精准把握市场动态，为客户提供高效、全面的金融服务，已然成为华尔街令人瞩目的传奇之一。

第一节　顶级投行的崛起之路

1848 年，因为德国反犹情绪高涨，身为犹太人的马库斯·戈德曼（Marcus Goldman，1821—1904）及其家人在朋友约瑟夫·萨克斯的帮助下，从德国巴伐利亚逃到美国新泽西州。刚到新泽西时，戈德曼只能依靠拉马车做流动商贩来维持生计，等攒到一笔钱后，他便跟妻子开了一家裁缝店，进而赚到了人生的第一桶金。

1869 年，已经 48 岁的戈德曼带领家人搬到纽约。那时美国正受到南北战争余波的影响，银行信贷遭受严重紧缩，银行利率也因此一直居高不下，戈德曼看到里面蕴藏的商机，于是模仿德裔银行家的经营模式开发了一项小型的商业票据贴现业务。他毫不犹豫地以自己的名字命名公司，在曼哈顿松树街这个与华尔街相距不远的金融重地，选择一间小屋作为公司的起点，马库斯·戈德曼公司在这片充满机遇与挑战的土地上正式诞生，开启了其辉煌的商业篇章。

每天早上，戈德曼都会穿上正式的礼服，戴上丝绸礼帽，前往小商贩聚集的地方，以较低的价格从他们手中买入本票，然后再乘坐马车前往商业银行，将收到的票据转手卖给银行，从中赚取一些手续费。生意虽小，但随着成交次数的增加，戈德曼的收入慢慢增加，他的公司也慢慢扩大，除了自己还招了一位新职员，另外还雇用了一位兼职的财会人员。

1882 年，戈德曼将他的小女婿塞缪尔·萨克斯（Samuel Sachs，好朋友约瑟夫·萨克斯的儿子）升为初级合伙人。1885 年，戈德曼又将自己的儿子亨利·戈德曼和大女婿提升为初级合伙人。

一、成立高盛公司

1888 年，戈德曼为了纪念他和萨克斯的友谊，取两人姓氏将公司改名为高盛公司（Goldman & Sachs Co.）。这是高盛集团的前身。

在戈德曼的卓越领导下，高盛迅速崛起，不仅跃升为全美首屈一指的商业本票交易商，而且荣膺纽约证券交易所的尊贵成员。随着公司实力的不断增强，高盛将业务拓展至纽约之外的广阔区域，其影响力逐渐渗透到整个金融领域，最终成为纽约金融市场上不可或缺的重要力量。

1897 年，为了拓宽高盛的经营范围，塞缪尔·萨克斯踏上了前往英国伦敦的旅程，并拜访了当地享有盛名的银行家亚历山大·克兰沃特。在深入交流后，塞缪尔敏锐地捕捉到了亚历山大对目前与自己合作的美国伙伴不是很满意，想重新寻找一个更好的合作伙伴。塞缪尔觉得自己的机会来了，于是他乘机向亚历山大介绍了高盛的业务实力与发展愿景，并提议两家公司携手合作，在伦敦和纽约这两个不同的国际金融市场进行高效的外汇交易及套利业务，以实现互利共赢。

亚历山大为人谨慎，他并没有轻信塞缪尔的话，而是委托罗斯柴尔德家族公司和其他公司对高盛进行了深入调查，确认高盛各方面都符合自己的要求后，才决定跟高盛成立合资公司。通过跟克兰沃特家族的合作，高盛开启了欧洲大陆的代理业务，经营规模又扩大了。

1900年，马库斯·戈德曼将高盛交给亨利·戈德曼和塞缪尔·萨克斯共同经营，自己选择了退休。1904年，戈德曼去世，他大概也没想到自己一手创办的一个小票据交易所在未来有一天会成为全球金融业的巨头。

高盛虽然一直想进入利润丰厚的铁路融资业务，但一直被排挤在主要铁路债券之外，无奈之下，亨利·戈德曼只得选择当时不被看好的工业融资业务，没想到这个选择却让高盛有了意外的收获。

1906年，亨利·戈德曼为了帮助联合雪茄融资，提出了一个全新股票定价方式。那时企业想要进入公开证券市场融资，需要看该企业的资产负债表和固定资产总值，虽然联合雪茄盈利能力很好，但很难提供资产方面的证明，于是亨利·戈德曼就提出可以通过企业未来的盈利能力来融资。在他的介绍下，一心想进入纽约证券承销业务圈子的雷曼兄弟开始为联合雪茄融资。从此，高盛和雷曼开启了长达几十年的合作，承销了多家企业首次公开发行的股票，高盛也迅速成为华尔街上一家敢创新、有效率、高盈利的著名投资银行。

二、分道扬镳

在高盛高速发展时，其内部的矛盾也在急剧升温。1914 年，第一次世界大战爆发，德国对俄国、法国、英国宣战后，沃尔特·萨克斯（塞缪尔·萨克斯的儿子）从英国回到美国，想让高盛支持英国，但亨利·戈德曼却明确表示自己支持德国。这条导火线将戈德曼和萨克斯两个家族的矛盾彻底点燃。虽然亨利·戈德曼的合伙人和亲人都劝他改变自己的观点，但他不为所动，并且到处发表他的"不当言论"，导致高盛的声誉和业务都受到严重的影响。

1917 年，亨利·戈德曼离开了高盛，并带走了他的巨额资金，从此戈德曼和萨克斯两个家族分道扬镳，形同陌路。亨利·戈德曼的离开，不仅让高盛失去了一笔巨大的资金，而且让高盛痛失一位颇具远见卓识的领导者。随着亨利·戈德曼的离去，高盛又沦落成一家"无足轻重"的公司。

为了让高盛恢复到第一次世界大战前的风光，高盛将沃迪尔·卡钦斯升为合伙人，并让其成为高盛的第三代领导人。沃迪尔·卡钦斯是个盲目自信的人，他认为很长一段时间内金融危机都不会爆发，于是他不再遵循高盛以往成熟的发展模式，以高盛交易公司的名义开始尝试投资信托这个新业务，并且利用复杂的股权结构，通过层层增加杠杆，用不到 2500 万美元的总资本控制了大约 5 亿美元的投资资金。只可惜随着 1929 年大萧条的到来，高盛交易公司因过度膨胀、过度融资而遭受了巨大的损失，多年积累的财富化为泡影。

1931 年，华尔街排名前 14 的信托公司共计遭受了 1.725 亿美元的巨额亏损，其中高盛交易公司就亏损了 1.21 亿美元。在这场风波中高盛交易公司损失尤为惨重，以致难以为继，最终被其他公司所收购。

高盛交易公司的失败让高盛的名声受到很大的影响。为了挽救高盛，沃尔特·萨克斯请来西德尼·温伯格（被称为"现代高盛之父"），让其领导公司，自己则退居二线。在西德尼·温伯格的强势带领下，高盛慢慢走出大萧条的阴影，渐有复兴之势。1937 年，《财富》杂志评价高盛是"近10 年最引人注目的投行复兴"。

1940 年，年仅 10 岁且还没名气的沃伦·巴菲特跟随父亲来到纽约，被西德尼·温伯格请到办公室畅谈了半个小时，西德尼·温伯格还亲切地询问沃伦·巴菲特喜欢什么股票。一个著名的金融大佬能如此对待一个孩子，这让年少的巴菲特记忆深刻，从此跟高盛结下了不解之缘。

1947 年，西德尼·温伯格结识了福特公司的接班人——亨利·福特二世。亨利·福特二世很快对西德尼·温伯格的才能表示赞赏。1953 年，福特想在美国上市，在有无数精明的金融家可供选择的情况下，亨利·福特二世毅然选择了西德尼·温伯格为福特的首席顾问，虽然当时高盛还只能算作一个二流的小公司，但谁让西德尼·温伯格在呢！1956 年，福特公司的股票在华尔街发行，总价为 7 亿多美元，是当时华尔街最大的一单，吸引了大约 50 万名散户。福特股票的发行，一举将高盛推上了华尔街一流投行的位置。此后，高盛又为西尔斯承销 3.5 亿美元的债券，为通用电气承销3 亿美元的债券，于是高盛坐稳了一流投行的位置。

1970 年，美国最大的铁路公司也是全美排名第八的大公司——宾州中央铁路运输公司，突然申请破产重组，并获得准许，一时之间其商业票据迅速贬值，主要负责承销其商业票据的高盛也面临破产风险。

那些因高盛推荐而购买了宾州中央铁路运输公司商业票据的客户，指控高盛明明已经掌握了确凿的负面消息，却不告知投资人，于是一纸诉状将高盛告上法庭。高盛面临8700万美元的赔付，而它仅有5300万美元的资金。经过漫长的法律诉讼，最后高盛大约赔付了3000万美元。宾州中央铁路运输公司商业票据承销事件让高盛好不容易建立起来的名誉又摇摇欲坠，不过高盛的合伙人更加团结，高盛员工的行为风格不再傲慢，希望共渡难关。

三、进行友好收购

在二十世纪六七十年代，美国经历了一场恶意并购的浪潮，许多中小企业不幸成为大型企业贪婪目光下的猎物。这时，高盛展现出了与众不同的勇气和智慧，坚定地站在了中小企业的立场，率先扛起了"防御收购"的大旗。为了帮助中小企业击退那些恶意收购的大企业，高盛在华尔街成立了首个兼并收购部，帮助那些被恶意收购的中小企业积极寻找"白衣骑士"进行友好收购。这一举措不仅保护了中小企业的利益，而且为高盛赢得了广泛的社会赞誉，使高盛在华尔街树立了正义与智慧并重的正面形象。得益于这个决定，高盛不仅获得了更多、更长久的业务，而且受损的名誉也逐渐恢复，直到现在并购咨询依然是高盛的王牌业务。

随着资本市场全球化的发展，高盛的业务拓展到海外：1970年在伦敦设立了办公室；1974年分别在东京和苏黎世设立了办公室；1984年在香港设亚太地区总部；1994 年分别在北京和上海开设了代表处。

为了丰富自己的业务，高盛在 1980 至 1990 年收购了一家大宗商品贸易公司，并建立了 FICC 部门（固定收益部），还成立了高盛资产管理公司（Goldman Sachs Asset Management），开始进军资产管理领域，走上了多元化发展的道路。

1994 年，高盛业绩大幅下滑，全年利润只有 5.08 亿美元。在这个危难时期，有 34 名合伙人突然辞职，并带走了 4 亿美元的资金，让高盛遭受巨大的打击。为了杜绝这样的事件，高盛下决心将引以为傲的"合伙制"改为"股份制"。1998 年，高盛召开合伙人会议，决定上市。上市后高盛的合伙人制度并没有消失，而是继续保持，合伙人数量将保持在员工总数的 1.5% 左右。1999 年，高盛顺利上市，亨利·鲍尔森成为高盛集团主席兼首席执行官，上市后的高盛集团逐渐演变成专注投行业务的现代金融集团。在鲍尔森的铁腕治理下，高盛集团成为华尔街最赚钱的投行，与美林及摩根士丹利并称为"全球投资银行三雄"。

2004 年，亨利·鲍尔森被美国媒体评选为"华尔街权力之王"。2006 年，亨利·鲍尔森被美国总统小布什提名为美国财政部部长。

但是，高盛的好日子没有过多久，很快就迎来了 2008 年席卷全球的金融危机。在短短 6 个月内，美国著名的五大投行纷纷陨落：贝尔斯登卖给了摩根大通；美林卖给了美国银行；雷曼兄弟宣布倒闭；高盛和摩根士丹利宣布转型为由美联储监管的银行控股公司，将受到更加严格的监管。转型之后的高盛，获得了美国政府的紧急救助贷款。在危难之时，巴菲特也向高盛伸出援手，帮助高盛度过了这次金融危机。

四、打造现代化全能银行

此后，高盛踏上了以科技为核心，全面打造现代化全能银行的征程。在 2010 至 2020 年，根据 CB Insights（美国知名的研究机构）的统计数据，高盛对金融科技投资的项目数量高居榜首，这一显著成就充分证明了高盛在金融科技领域的深度布局和卓越表现。通过科技赋能，高盛不仅提升了自身的业务效率和创新能力，而且为全球银行业树立了科技引领的典范。

2016 年，高盛推出网络银行 GSBank（高盛推出的网络银行），开始进军零售业务；高盛还推出面向普通消费者的网贷平台 Marcus，消费者可以在这个平台办理个人储蓄和贷款业务；2019 年，高盛跟苹果公司合作，推出信用卡业务。

2020 年，虽然全球经济增长速度受疫情的影响有所降低，但高盛却实现营业收入 445.6 亿美元，同比增长 21.9%，净利润为 94.6 亿美元，同比增长 11.7%，创下自 2010 年以来的新高。在 2020 福布斯全球企业 2000 强榜中，高盛集团排名第 47 位；在福布斯 2020 全球品牌价值 100 强中，高盛集团排名第 85 位；在 2020 年《财富》全球最受赞赏公司榜单中，高盛集团排名第 27 位；在 2022 年《财富》美国 500 强排行榜中，高盛集团排名第 57 位；在 2023 年《财富》美国 500 强排行榜中，高盛集团排名第 55 位。

2024 年第一季度，高盛集团的营收达到了 142.1 亿美元，同比增长 16.3%。这一数字远超市场预期，进一步巩固了高盛集团在金融服务领域的领先地位。

回顾高盛 150 年多年的辉煌历史，它如同一艘巨轮在金融市场的波涛汹涌中稳健前行，尽管历经数次危机与挑战，但总能凭借敏锐的洞察力和果敢的决策迅速调整战略，化危为机，最终不仅成功渡过了难关，还实现了更加稳固的发展。凭借出类拔萃的盈利能力和稳健的经营策略，高盛在华尔街众多金融机构中脱颖而出，成为无可争议的"华尔街之王"。

第二节　高盛集团的商业模式

作为全球顶尖的金融投资集团，高盛的成功离不开其独特的商业模式。高盛的商业模式定位是全能型投资银行，其业务范围广泛覆盖投行服务、并购咨询、做市、衍生品交易等多个领域。高盛的每一项业务都围绕客户的特定需求，并建筑一条坚不可摧的"护城河"，为客户提供全面、专业的服务，从而长期保持国际顶级投行的地位。

从高盛的商业模式来看，高盛的业务主要由以下三类核心业态构成：

第一类是轻资产业务。这个板块范畴广泛，涵盖了投资银行、经纪服务、资产管理等多个领域。这类业务通常对资金的需求相对较低，主要依赖牌照价值、人才优势、客户关系、管理创新及业务间的协同效应，为公司带来多元化的收入，如佣金、顾问费、交易费及管理费。在业务发展的早期阶段，这类业务主要依赖合伙人的资本投入、盈利留存及战略投资者的资金支持来维持日常运营，随着业务的不断拓展和效率的不断提升，销售净利润将不断增加，进而推动净资产收益率的增加。

第二类是资本中介业务。这个板块是以回购协议、融资融券、股票质押、贷款等业务为主。在这个板块中，投资银行只充当了一个信用中介的角色，利用杠杆效应实现收益放大。该类业务的核心是融资和杠杆能力的有效运用，属于典型的重资产经营模式。在这个领域中，高盛凭借其融资渠道的多样性及优惠的融资成本，形成了独特的竞争优势。

第三类是资本交易业务。这个板块主要包括做市、自营及股权投资等重资产业务。在这类业务中，投资银行承担了风险中介的职能，该类业务的核心竞争力在于精准的产品定价和较高的风控能力。在这个领域，高盛以敏捷的交易洞察力和高超的风险定价能力取胜，不仅能为客户提供量身定制的投资方案，同时还为自己和客户构筑了一条坚实的"护城河"。

一、第一类：轻资产业务

投资银行的轻资产业务盈利模式有三个阶段：初级阶段，主要依靠取得的牌照开展通道业务，确保基础运营稳健；中级阶段，主要通过培养人才和积累经验获得长期稳定的客户关系，以此来提高市场占有率，确保业务持续增长；高级阶段，通过洞察市场趋势，主动为客户创造需求，从而为机构交易、信用中介等高端业务进行引流。

作为行业翘楚，高盛通过人才储备和经验积累获得了大量长期稳定的客户，从而在轻资产业务方面取得不俗的成绩，在股票承销和并购咨询领域成绩尤其突出，成为行业的标杆。2020 年，高盛股票承销收入占比为36%，并购咨询收入占比 33%。根据权威金融数据提供商 Dealogic（迪罗基）2017 年发布的全球投行收入排名数据，高盛的并购咨询收入稳坐行业头把交椅。这一显著成绩再次证明了高盛在并购咨询领域的卓越实力和领先地位。

不仅如此，高盛还根据市场趋势主动为客户创造需求，为公司高端业务引流。高盛这个做法不仅巩固了在政商关系中的地位，还为开展多元化业务并实现业务间的协同发展创造了无限可能。

高盛之所以取得如此成就，是因为其在人才、客户关系、管理、协同方面都有独特的优势。

首先，高盛深谙人才是企业发展的核心驱动力，所以非常重视对内部人才的激励。高盛对内部人才的激励主要体现在薪水上面，这点可以从人力成本支出上看出。从 1997 至 2019 年，高盛总成本的 70% 都用于支付员工薪水了。

此外，从西德尼·温伯格管理高盛开始，高盛就形成了向美国政坛输送人才的传统。这样一来，高盛就跟政府形成了稳固的政商关系，从而能结交更多有权势的人脉。这些人脉资源是一笔很大的财富，能给高盛带来更多的业务。

尽管众多企业都积极向美国政坛输送人才，但高盛在此方面的影响力无疑独树一帜，无人能及。美国的财务部、美联储、议会、交易所等核心监管部门的重要职位上，不乏高盛精英的身影。从克林顿、小布什到特朗普，他们任命的财政部部长都曾在高盛担任过要职，这一事实彰显了高盛在政治与经济领域的影响力。

更值得一提的是，1976年纳斯达克全美交易系统的创建正是高盛首席合伙人格斯·利维的杰作，这一里程碑式的事件不仅体现了高盛对于金融科技的敏锐洞察和卓越贡献，还进一步巩固了其在全球金融界的领先地位。"朝中有人好办事"，高盛与政界的紧密联系几乎让其能够在金融领域高枕无忧。这种关系不仅为高盛带来了诸多便利和优势，还使其成为金融界和政界间不可或缺的桥梁。

其次，高盛在客户关系管理方面独具匠心。从20世纪70年代开始，高盛选择"跟中小企业站在一起"，提出"防御收购"策略时，就将客户定位于中小企业。高盛这种定位避免了跟其他投行直接竞争大客户。与其他投行不同，高盛始终坚持以客户为中心的服务理念，通过深入了解客户的需求和偏好，为他们提供量身定制的财务顾问服务。比如，高盛得知客户想要购买某一特定的证券后，就迅速与该类证券的发行人取得联系，让发行人跟客户直接对接。这种高效运作的方式不仅显著降低了承销风险，还有效降低了承销费用。高盛的贴心服务赢得了客户的信任和忠诚，并与客户建立长期稳定的合作关系。

接着，在管理方面，高盛以前瞻性的目光引领了一场专业化的分工革新，彻底重塑了投行业务的运作模式。之前投行承揽业务和交易执行是不分开的，通常是谁承揽的就由谁负责后续的交易，但高盛却将这两项分开，单独设立了"投资银行客户服务部"，专门负责发展和维护客户关系，给每一位客户都建立详尽的信用档案，然后根据客户的需求将其交给不同专业领域的交易专家，以确保每笔交易高效又精准。

最后，高盛在业务协同方面展现出了独特的优势，巧妙地将机构和投行联动起来，一方面让投行为机构引流，另一方面机构也为投行积累客户资源。

例如，当高盛受托为某企业执行并购任务时，若该企业面临资金短缺的困境，高盛会迅速行动，通过其机构网络为客户办理过桥贷款，以确保并购顺利进行。一旦并购成功，高盛就扮演关键角色，担任该企业的债券承销商，通过发行债券为并购交易提供融资支持。债券发行成功后，高盛会灵活地将自身的过桥贷款替换出来，实现资金回笼。这一系列精心策划的操作不仅保障了交易平稳进行，还丰富了高盛的收入来源。企业除了支付顾问费，还要支付给高盛一笔贷款利息及债券承销费等，实现了投行与机构的共赢。

此外，机构业务的蓬勃发展也为投行业务的顺利开展积累了客户资源。投行有债权需要承销时，通过强大的机构分销网络就能很快找到合适的买家，这样直接对接不仅提升了交易效率，还降低了发行成本。

二、第二类：资本中介业务

资本中介业务是投资银行在金融市场中的核心业务，它类似于商业银行的信贷服务，但更侧重于深度的信用创造和策略性融资。在这一业务模式中，投资银行发挥着影子银行的职能，通过巧妙利用息差获得盈利。具体来说，就是投资银行接受客户的抵押物，然后通过将客户的抵押物再抵押，从而创造出新的信用额度，进而提升业务杠杆，实现资本的高效运作。

常见的资本中介业务主要有回购协议、融资融券及客户保证金抵押融资等多种形式。这些业务不仅为客户提供了多元化的融资选择，而且为投资银行带来了丰富的收益来源。

回购协议是投行精心策划的一种高效融资策略。在此协议中，投行凭借专业的评估能力，以相对较低的质押率向客户提供资金支持，进而利用这些客户的抵押品及其自身的信用，以更高的质押率从市场筹集资金。这种操作模式有效利用了资金的杠杆效应，为投行带来了更为灵活的资本运作方式。

融资融券业务则略有不同。在这一业务模式下，投行也是根据客户提供的抵押品，为其提供资金或证券的融资服务。不过，与回购协议不同的地方是融资融券业务中涉及的证券所有权并未发生实际转移，这些证券仅作为抵押品被暂时托管，但在回购协议中涉及的证券所有权在一定期限内发生了转移，等到协议到期后再按约定回购，完成资金的融通和证券的归还。

客户保证金抵押融资则聚焦于客户提交的交易保证金。在此业务中，投行将这些保证金作为抵押品，进行负债融资操作。

通过这些多样化的融资方式，投行能够灵活运用客户的证券抵押物进行再抵押，从而通过重复抵押策略进一步放大其经营杠杆，实现资本的最大化利用。

高盛自 2008 年金融危机转型为银行控股公司之后，财务结构发生了显著变化，主动负债逐渐缩减，被动负债却逐渐上升。具体来说，主动负债中的回购协议融资、借出证券、交易性金融负债及长短期无抵押债务融资等项目都呈现逐年递减的趋势。与此同时，被动负债中的存款、应付客户及其他款项占比却逐渐攀升，成为高盛新的重要融资渠道。这一变化不仅体现了高盛在融资策略上的灵活性和多元化，而且显示了其强大的客户关系和很高的市场信任度。

值得注意的是，高盛的融资渠道保持多样化的同时，融资成本却在同行业中一直处于相对较低的水平，这让其在融资市场更有竞争力。

三、第三类：资本交易业务

高盛的资本交易业务中有四成的收入来源于全球市场部门，全球市场业务的收入又主要来源于做市业务。高盛做市业务占资本交易业务的 70%。做市商主要通过自有资金跟客户交易，帮助客户获得流动资金，从而赚取价差、利息和佣金等。高盛做市主要集中在信用、货币、股票类产品上，2009 至 2020 年这三类产品的平均收入占比分别为 24%、19%、35%[①]。

在资本交易业务中，高盛作为业界的佼佼者，其卓越之处不仅体现在创新性地设计风险产品上，更在于其将风险管理策略精准而有效地融入每一项业务操作中，确保在多变的市场环境中稳健前行。高盛的衍生品交易覆盖大宗商品、利率、汇率、信用、股权等多个品种，虽然高盛大宗商品交易金额占比不是很多，但其快速报价的能力超越其他同行，所以垄断了大宗商品场外市场。

高盛风险预测的准确性非常高。2021 年，韩国大型基金 Archegos（阿

---

① 任泽平，曹志南.金融模式 [M]. 北京：中译出版社 ,2022.

卡捷斯）爆仓，瑞星集团和野村证券都损失惨重，但高盛却凭借其卓越的风险管理能力及时发现并规避了潜在的风险，因此没什么损失。

高盛有一套完善的风险管理流程和先进的技术支持。高盛的风险管理结构犹如一个金字塔，层次分明，责任明确。

位于金字塔顶端的是董事会，他们直接或通过风险委员会间接监管公司风控政策的制定和实施。第二层是风险委员会，他们根据不同的交易及风险特征，灵活使用多种分析方法，确保风险管理的全面性和准确性。第三层是三类具体风险管理委员会。公司风险管理委员会担任着至关重要的角色，它负责持续、全面地监控全球范围内所有业务和产品所面临的信用、市场及操作风险，确保公司能够迅速识别并应对各类潜在风险；客户及业务标准委员会则专注于客户关系、客户服务及公司声誉的评估与维护，通过制定和执行严格的业务标准，确保公司在为客户提供服务时始终保持高标准、高质量，从而赢得客户的信任和市场的认可；公司资产负债委员会致力于流动性风险的管控，确保公司在面对市场波动时能够保持足够的资金流动性，以应对可能出现的挑战。

这种金字塔式的监管模型构建了一条"护城河"，高盛能够在复杂的金融市场中准确评估风险、有效控制风险，并在风险与收益之间找到最佳平衡点。

高盛集团以其独特的商业模式和显著的竞争优势，成为金融界的标杆。面对日新月异、充满挑战与机遇的金融市场，高盛将继续坚持其全球化、创新和专业化的战略方向，继续深化专业化服务，不断提升服务质量和效率，为客户创造更大的价值。

第三节　高盛集团的企业文化

　　华尔街流传着这样一句充满智慧的隽语："短暂的胜利虽快意，却不及持久的胜利；持久的胜利虽耀眼，但永恒的成功方为至臻。"作为全球金融界的领军者，高盛是深谙这一真理的翘楚。高盛之所以能够屹立 150 年不倒，长期保持卓越，其背后的"制胜法宝"便是构建了一种深厚且别具一格的企业文化。

　　高盛迎来了其历史上一个重要的转折点，约翰·怀特黑德与约翰·温伯格携手成为联席董事合伙人，共同开启了业界瞩目的"双头管理"新纪元。他们在管理高盛的过程中发现，仅仅依靠企业领导层的榜样作用和潜移默化的影响，很难将高盛顾客至上、团队协作的核心理念传承下去，于是约翰·怀特黑德便制定了规范化的"十四条经营原则"，旨在明确并固化高盛的企业文化。

一、核心价值观：高盛文化的基石

高盛集团的企业文化以核心价值观为基石。这些价值观贯穿于公司的各个方面，为公司的决策和行为提供了明确的指导。高盛的核心价值观主要包括以下几个方面：

1. 客户至上

高盛始终将客户的需求和利益放在第一位，努力为客户提供最优质的服务。"十四条经营原则"的第一条便是"客户利益永远至上"。高盛的顾客至上并不是说说而已，而是将其落实在高盛的每一项业务中。从投资银行的并购重组到证券交易的快速执行，以及投资管理的专业建议，高盛始终将顾客的利益放在第一位，努力为客户创造最大的价值。高盛以往的经验表明，只有将客户利益放在第一位，对客户尽心服务，成功才会随之而来。

投行属于一个比较特殊的行业，在工作中经常会接触到一些机密信息，这要求员工必须保护好客户的隐私。"十四条经营原则"中的第十二条对保护客户隐私方面做了严格的规定："违反保密原则或是不正当或轻率地使用机密信息都是不可原谅的。"这条规定确保了客户的信息安全，高盛以此取得了客户的信任。

2. 团队合作

高盛非常注重团队合作。"十四条经营原则"的第八条是："我们一贯强调团队精神。"在高盛，只有"我们"而没有"我"，只有团队的力量才能推动公司的持续发展。高盛不像华尔街的其他公司喜欢制造一个个"明星"，而是从来不纵容个人，不按交易员个人赚取的利润给提成。对于那些将个人利益置于公司和客户利益之上的人，高盛是不会容忍的。如果有人不能融入高盛的"大家庭"，那只能舍弃，即便那个人再优秀，高盛也不会将其奉为英雄，不提倡个人英雄主义。

高盛虽然鼓励个人创意，但更看重团队合作，认为团队合作能取得更好的成绩。高盛鼓励员工之间的沟通与协作，通过跨部门、跨地区的合作共同解决问题，实现公司的目标。这种团队合作精神使得高盛在面对复杂的市场环境和挑战时能够迅速做出反应，抓住机遇。

3. 诚信正直

高盛注重诚信正直，认为诚信正直是公司文化的核心。"十四条经营原则"的最后一条是："正直及诚信是我们业务的根本。"

高盛希望自己的员工不管是在工作中还是生活上都始终保持高度的道德标准。在业务中，要保持诚实、公正和透明，遵守法律法规和道德规范。因为投行的竞争非常激烈，有些人为了取得胜利，可能会使用一些卑劣的手段，高盛要求自己的员工即便跟对手竞争也要保持公平竞争的原则。"十四条经营原则"中的第十三条规定："我们坚决秉承公平竞争的原则，绝不会诋毁竞争对手。"

高盛所秉持的诚信正直的企业文化，不仅赢得了广大客户和合作伙伴的信任，还赢得业内对手的尊敬，铸就了卓越的企业形象。这种文化的力量，使得高盛在竞争激烈的金融市场中独树一帜，成为行业的楷模和引领者。

4.追求卓越

高盛始终追求卓越，追求业务上的卓越表现和服务上的卓越品质。"十四条经营原则"的第四条要求："对于所从事的一切工作，我们都凭着最坚定的决心去追求卓越。"有些公司为了做大，可能会放弃对质的要求，但高盛却不是这样。如果必须在质和量之间二选一的话，高盛宁愿选择做最优秀的公司，而非最庞大的公司。高盛坚信，只有在追求卓越的路上不懈努力，才能为客户提供最优质的服务，赢得客户的尊重和信赖。

高盛深知，卓越的持续追求需要每一个员工的不断学习和自我提升。因此，高盛鼓励员工不断学习和进步，提高自己的专业技能和综合素质，以适应快速变化的市场环境。同时，高盛也极为重视公司的创新能力和竞争力，通过持续的创新和改革，确保公司在投行界中始终占据领先地位，引领行业发展潮流。

二、员工文化：以人为本，共同成长

高盛深知其辉煌成就的背后是无数员工的辛勤耕耘与无私奉献，深知员工对公司的忠诚、奉献和热情远远超过了业界的普遍水平，所以在企业文化中，员工始终占据着举足轻重的地位。

高盛认为员工是公司最宝贵的财富，"十四条经营原则"的第二条是

"我们最重要的三大财富是员工、资本和声誉"。高盛秉持着以人为本的理念，将员工的成长与发展视为企业的核心使命，积极营造一种互相尊重、互相支持、共同成长的良好氛围。

高盛的员工文化主要包括以下几个方面：

1. 人才招聘

高盛知道在服务行业里如果没有最拔尖的人才，将很难成为最拔尖的公司，所以高盛非常重视人才的选拔，每一个员工都是精挑细选的。高盛非常注重人才的招聘和培养，通过严格的程序选拔出具有优秀素质和专业能力的人才。"十四条经营原则"的第六条为"我们不遗余力地为每个工作岗位物色和招聘最优秀的人才"。此外，高盛还注重员工的多元化，积极招聘来自不同背景和专业领域的人才，为公司的发展注入新的活力。

2. 培训发展

高盛为员工提供广泛的培训和发展机会，帮助员工提高专业能力和综合素质。对于有能力的员工，高盛会不遗余力去培养。"十四条经营原则"的第七条是"我们为员工提供的职业发展进程比大多数其他公司都要快"。高盛的培训体系涵盖了业务培训、领导力培训、职业发展规划等方面，为员工提供全方位的支持和帮助。

3. 激励机制

高盛精心构建了一套激励机制。该机制以薪酬体系为核心，辅以晋升路径、丰厚奖金及合伙人身份的荣耀，旨在激发员工的积极性与创新精神，鼓励他们不断追求卓越。"十四条经营原则"的第三条鲜明地指出，"员工大量持股可以使员工与股东的利益协调一致"。高盛每两年会进行一次"合伙人才库"的选拔，以员工的商业贡献和文化适应性为主要评选标准，确保合伙人队伍的活力和高效，每两年更新 1/4 到 1/3。

此外，高盛也注重员工的个人发展和职业规划，为员工提供个性化的职业发展规划和指导，还为员工提供优厚的福利待遇。

三、客户服务理念：以客户为中心，创造价值

高盛集团的客户服务理念体现了以客户为中心的思想，致力于为客户创造价值。高盛的客户服务理念主要包括以下几个方面：

1. 深入了解客户需求

高盛非常注重与客户的沟通和交流，进而深入了解客户的需求和期望。"十四条经营原则"的第十一条明确强调："我们尽力不断预测快速变化的客户需求，并致力于开发新的服务去满足这些需求。"高盛通过与客户建立长期稳定的合作关系，不断挖掘客户的需求和潜力，为客户提供更加精准和个性化的服务，以满足客户日益增长的金融需求。

2. 提供创造性建议

高盛拥有一支专业的投资顾问团队，他们凭借深厚的行业知识、敏锐

的市场洞察力及丰富的实战经验，打破常规，创造性地为客户提供专业、精准的投资建议和定制化解决方案。"十四条经营原则"的第五条明确指出，"虽然我们承认传统的办法也许仍然是最恰当的选择，但我们总是锲而不舍地为客户策划更有效的方案"。在这个原则的指导下，高盛不仅开创了很多前沿方法，而且有些方法和技术成为行业的标准。

高盛的投资顾问团队以卓越的专业能力和不懈的创新精神，致力于为客户提供最佳投资方案，帮助客户实现资产的稳健增长与长期价值。同时，高盛还高度注重客户服务的响应速度和效率，通过不断优化业务流程和提高服务质量，确保能迅速、准确地响应客户的需求和反馈，为客户提供更加专业、高效的服务。

3. 建立长期稳固的伙伴关系

高盛深刻认识到，与客户建立长期稳固的伙伴关系是业务成功的基石。正如"十四条经营原则"的第十条所强调的，"我们视公司的规模为一种资产，并对其加以维护"。不管公司规模是大还是小，都以满足客户的需求为主，不仅能做好客户所能想到的最大项目，而且可以跟客户保持长期稳定的伙伴关系。

高盛的企业文化不仅塑造了高盛的品牌形象，而且为员工注入了源源不断的精神动力，激发了他们的创造力和凝聚力。正是这种企业文化的引领和支撑，使得高盛能够在风起云涌的金融市场中稳健前行，实现持续的发展与创新。

第三章　全球私募之王黑石集团

　　黑石集团（Blackstone Group）是由苏世民（Stephen Schwarzman，也译作史蒂芬·施瓦茨曼）和彼得·彼得森（Peter Peterson）于1985年共同创建的投资管理公司，其总部位于美国纽约，并在全球多个城市设立了办事处，如伦敦、巴黎、孟买、香港、北京、上海、东京等。经过30多年的发展，现在它已经成为世界知名的顶级投资公司，也是全球最大的独立另类资产管理机构之一。

　　黑石集团另类资产管理业务主要包括企业私募股权基金、房地产投资基金、对冲组合基金、夹层基金、私人对冲基金和封闭式共同基金等。此外，还提供各种金融咨询服务，包括并购咨询、重建和重组咨询及基金募集服务等。

　　2007年6月，黑石集团在纽约证券交易所挂牌上市，成为全球第一家上市的私募基金管理公司。发展到现在，无论是募资能力还是投资眼光，黑石集团都是无敌的存在。截至2023年年底，黑石集团资产管理规模已超过万亿美元，成为全球另类资产管理的王者。

第一节　私募之王的成长史

1978 年 10 月，一家鲜为人知的小公司 KKP 竟然收购了上市公司乌达耶！令人吃惊的是，KKP 收购乌达耶的 3.8 亿美元中仅有一小部分是自己的，剩下大部分都是通过无担保借款筹集的。

乌达耶收购案吸引了很多人的注意，其中就包括刚刚晋升为雷曼兄弟公司合伙人的苏世民。作为一名资深的投资银行家，苏世民有着敏锐的市场洞察力，他看到这次收购案背后蕴含的巨大商机。

4 年之后，韦斯雷收购公司又以类似的方式完成了"蛇吞象"的收购：仅凭 100 万美元的自有资金，成功收购了一家总价值高达 8000 万美元的贺卡公司。更令人惊叹的是，16 个月后，韦斯雷收购公司便将那家贺卡公司运作上市，市值飙升至 2.9 亿美元。

这个逆天的成绩惊呆了华尔街众人，也让苏世民和苏世民的顶头上司——雷曼兄弟公司的董事长兼 CEO 彼得·彼得森再也坐不住了，因为他们亲眼见证了这次逆天的收购。此时，彼得森正在绞尽脑汁地想重振雷曼公司的雄风，他看到了杠杆收购的巨大利润，想让雷曼公司也重新开展投资银行业务，投入杠杆收购的浪潮，只是雷曼公司有的管理者不同意，最后只能作罢。

其实，当时雷曼公司的竞争对手（如高盛、美林）都已纷纷涉足杠杆收购业务这一新领域，而雷曼公司却迟迟不愿参与其中，对于这一潜在的巨大商机视而不见。彼得森目睹着这一绝佳机会的流逝，内心充满了失望。更为雪上加霜的是，公司内部的矛盾越发激烈，为了平息内部矛盾，1983年年底，彼得森选择辞去了雷曼公司的董事长一职。随后，他曾经的得力干将苏世民也选择离开。

一、创办黑石集团

1985 年 10 月，彼得森和苏世民这一对曾经的上下级准备一起联手创办黑石集团。为了纪念自己的祖籍，苏世民和彼得森用自己的姓氏作为公司名称，"Schwarz" 在德语中是"黑"的意思，"Peter" 在希腊语中是"石头"的意思，于是两个人就将公司叫作黑石集团。

黑石集团刚成立时，除了总裁彼得森和 CEO 苏世民，只雇了一名员工，启动资金也只有 40 万美元。不是因为彼得森和苏世民手里没有多余的钱，而是因为他们不想冒险，决定就用这些钱进行创业。他们这种谨慎的投资态度，不仅成为黑石集团的一种企业文化，而且在日后的发展历程中促使黑石集团逐步壮大，成就辉煌。

在开启业务之前，彼得森和苏世民根据自身的实际情况，对黑石集团的未来发展做了规划。鉴于初始资金有限，无法应对投资中的亏损，所以他们决定不做直接投资的业务，而是利用两人之前丰富的并购经验，以企业并购咨询为切入点，通过提供专业服务来逐步积累资金和提升企业影响力；等时机成熟，拥有足够的资本和声望后，再涉足并购基金的管理。因为彼得森的影响力更大，苏世民的执行力更强，所以彼得森负责招揽和拓展业务，苏世民负责咨询项目的实施。

虽然计划很好，但万事开头难，没有雷曼公司光环的加持，根本没人相信他们这个刚刚起步的公司，也没人愿意给他们一个机会。直到1986年年初，他们的启动资金已经花去将近一半时，黑石集团才接到第一笔生意并赚到5万美元，此后生意才逐渐好起来，不过大部分都是并购咨询业务。

二、进军并购领域

公司稳定发展之后，彼得森和苏世民便雄心勃勃地计划成立私募基金进军并购领域，并定下募集到10亿美元的远大目标，要知道当时私募行业巨头KKP筹集的资金还没达到20亿美元。如果他们的目标真的得以实现，黑石集团就能跻身并购行业的三甲。

为了筹集基金，彼得森和苏世民做了一份详尽的投资规划书，并满怀期待地将其寄给数百位企业管理者，不过并没有什么收获。寄信没用，那就上门拜访，彼得森和苏世民又信心满满地去拜访一些有可能会投资的人，然而除了白眼和冷遇，也没什么收获。

经过几个月的辛勤奔波和不懈努力，彼得森和苏世民只从纽约人寿保险那里募集到 2500 万美元，这离 10 亿美元还差十万八千里。最后，他们决定到英国保诚集团美国分公司碰碰运气，因为彼得森跟这家公司的投资总监加内特·基思有些交情，不过这家公司已经跟 KKP 合作过好几次。虽然成功很渺茫，但不试一试又怎么能轻易放弃？

出人意料的是，双方见面后，基思竟然决定拨 1 亿美元给黑石集团，让他们用于基金投资，不过基思也要求跟黑石集团签一份非常苛刻的投资协议。协议明确规定，黑石集团必须保证所有基金的年复合收益率均超过 9% 才能收取红利，如果没有达到这个条件，黑石集团将会白忙一场。虽然这个协议条件苛刻，但签下这个合约就可以借用保诚集团这个金字招牌给黑石拉来更多的投资，于是彼得森和苏世民稍加考虑就签订了合约。

因为保诚集团的加入，黑石集团的生意顺利很多，很快又获得日本第三大券商日兴证券公司 1 亿美元的投资基金。此后，跟日兴证券关系比较密切的一些公司也纷纷投入了一些资金。后来，黑石集团又从通用电气公司获得 3500 万美元的投资，还收到了通用汽车 1 亿美元的对冲基金。

1987 年，尽管黑石集团仅募集到了 6 亿美元，还没达到原定 10 亿美元的目标，但彼得森和苏世民决定先将募集到的资金锁定，将这部分资金投进了股市。到了 10 月，美国的股市开始动荡不安，且传闻利率还会上涨。这个消息对那些依靠借款的杠杆收购企业来说将是一场灾难。

在股市风云变幻之际，苏世民在 1987 年 10 月 15 日果断下令让大家平仓，并在 10 月 16 日成功将 6.35 亿美元的资金全部撤离股市。10 月 19 日，美国股市遭遇"黑色星期一",暴跌 23%,许多没能及时撤离的投资者损失惨重。

黑石集团通过这一及时的决策和行动成功规避了"黑色星期一",不仅彰显了敏锐的市场洞察力和稳健的投资策略,而且在业界赢得了卓越的声誉,为未来的发展奠定了坚实的基础。经此一役,找黑石集团的投资者越来越多。

三、名利双收

有了足够的资金后,黑石集团开始扩大运营规模,不仅新招了大批员工,将公司搬到一个更大的办公地点,还招募了几个资深高级合伙人。一切准备就绪后,黑石集团准备进入并购市场大干一场。

彼得森和苏世民得知美国钢铁集团为了反击恶意收购,准备出售包括铁路和船舶运输业务在内的部分资产后,马上带人前去洽谈。经过多次沟通,黑石集团了解到钢铁集团想出售超过 50% 的股权用以筹集 5 亿美元的资金,但又不想失去太多控制权。黑石集团表示理解钢铁集团的顾虑,并设计了符合钢铁集团想法的并购方案,打消了钢铁集团的顾虑。

1989 年 12 月,黑石集团和美国钢铁集团共同组建了运输之星控股有限公司,完成了黑石集团的第一次收购业务。在这次收购中,黑石集团只出了交易金额的 2%,也就是 1340 万美元,就获得了运输之星 51% 的股权。

这次收购不仅成功地为黑石集团塑造了"白衣骑士"友好收购的正面形象,而且让华尔街见识了黑石集团卓越的能力,即在复杂的市场环境中,根据瞬息万变的实际情况，灵活调整并优化收购策略。2003年，黑石集团将运输之星的股权卖了出去，获得超过25倍的丰厚收益。从最初收购到最终卖出，黑石集团的投资者们在15年内获得了年平均收益率高达130%的回报。这真是一场名利双收的成功收购。

彼得森和苏世民直接用数据向华尔街证明他们在收购领域的卓越才能，一举消除了市场的疑虑，为黑石集团未来的资金募集之路打下了坚实的基础。更为重要的是，这次收购还让黑石集团获得了一个值得信赖的合作伙伴——化学银行，它也是这次收购的主要贷款提供者，还是日后与黑石集团并肩前行的战略伙伴。后来黑石集团和化学银行多次合作，取得了一个又一个令人瞩目的成就。

四、进军房地产领域

金融市场变幻莫测，可能前一刻还一片欣欣向荣，后一刻就尸横遍野。由于美国经济陷入低迷状态，并购业务也随之进入低迷期，而刚从并购业务取得巨大成功的黑石集团还没意识到危险的到来，在并购行业周期最高点收购了两家公司。他们刚完成收购，就赶上美国经济恶化，投入损失殆尽。雪上加霜的是，黑石集团在股市上也惨遭失败。连续遭遇的挫败让黑石集团的领导者深刻意识到，企业在投资审查机制上还有疏漏，于是黑石集团制定了一套更为严谨、全面的投资审查制度。此外，为了确保企业纪律的严格执行，黑石集团还形成一条不成文的规定：不管是谁，一旦犯下一次严重的错误，就必须离开公司，即使是公司的合伙人也绝不例外。

尽管连续遭遇几次失败，但黑石集团并没有因此气馁，他们积极调整策略，不断寻找其他的出路。当时，房地产业正笼罩在资产泡沫破裂的阴影下，市场低迷。然而，在这看似黯淡的形势中，苏世民以敏锐的洞察力抓住其中蕴藏的巨大商机。他迅速行动起来，组建了一支专业的房地产投资团队，并成立了房地产投资基金，准备向房地产行业进军。

　　进军房地产领域之前，苏世民就确定了房地产业的投资理念：大量购买价格低廉或急需整修更新的房地产，通过精心运营数年后再将其择机出售。在苏世民的指导下，黑石集团开始募集 1.14 亿美元的房地产投资基金，然后以极低的价格收购了包括爱德华 - 德巴尔托洛公司、凯迪拉克美景集团及六旗游乐园等物业；随后，通过一系列的运营和改造，将部分产业成功推向市场，获得了丰厚的回报。

　　1997 年 10 月，黑石集团再次取得了令人瞩目的成就，成功募集了第三只投资基金，金额高达 40 亿美元。这一数字使其一跃成为行业的佼佼者，仅次于行业巨头 KKP 集团在 1996 年所募集的 57 亿美元。短短十几年，黑石集团就从默默无闻做到了行业前三名，也从空有抱负的并购新人成长为实力雄厚的大玩家。

　　虽然黑石集团名气越来越大，但彼得森和苏世民这两位联合创始人的关系却越来越糟，2000 年时两人不得不分道扬镳。

　　2001 年互联网泡沫破灭之际，因为苏世民始终坚持不涉足自己不擅长的领域，没有跟风做科技公司的风险投资，所以黑石集团成功避开了这场金融风暴的冲击。在市场低谷期，黑石集团专注于投资那些暂时陷入财务困境但拥有发展潜力的公司，通过债务重组、业务调整等策略帮助其渡过难关。后来市场回暖，这些公司恢复了正常经营，给黑石集团带来了可观的回报。

全球经济开始好转，投资者的情绪也逐渐高涨，黑石集团又收购了德国化学公司塞拉尼斯、纳尔科公司、天合汽车集团、希尔顿酒店、飞思卡尔半导体公司等。2003 年，黑石集团以 165 亿美元的交易额成为私募行业的老大，其辉煌的业绩令其他竞争者望尘莫及。唯有高盛集团的私募业务能够与之相提并论，而诸如得克萨斯太平洋集团和阿波罗公司等业内翘楚，其交易额也仅仅相当于黑石集团的一半。

五、成为全球私募之王

2007 年 6 月，黑石集团上市的钟声在纽交所敲响。黑石集团的成功上市不仅是私募行业的一次历史性飞跃，而且是美国近 5 年来规模最大的一次 IPO（首次公开募股），从此黑石集团跻身华尔街顶级公司之列。黑石集团上市 11 天后，KKP 集团也申请上市，可惜它已经失去了先机。因为 7 月中旬时，信贷市场已经显露出萎靡不振的迹象，大型杠杆收购的浪潮也逐渐退去。

受 2008 年金融风暴的影响，私募行业普遍遭遇重创，许多公司陷入困境，甚至有的走向了破产的边缘。黑石集团也未能幸免，遭受了 56.1 亿美元的巨额亏损。然而，与同行 KKP 高达 128.65 亿美元的亏损相比，黑石的损失已是相对较小。

金融危机过后，另类资产管理行业迎来了快速发展的机遇。黑石集团敏锐地捕捉到了这一行业周期的转折点，在低点时果断进军另类资产管理领域。2008年，黑石集团收购了GSO资本公司。这一战略举措将公司的另类资产总额从100亿美元大幅提升至300亿美元，为公司的未来发展奠定了坚实的基础。

黑石集团还积极涉足其他领域。他们大量收购了因无法偿还贷款而丧失赎回权的独栋房产，经过精心修缮后，将其转化为租赁物业，实现了可观的经济收益。此外，黑石还在能源、生命科学、医疗等多个领域进行了广泛的投资布局，进一步实现了投资多元化。

从2009年到2020年，黑石集团凭借在另类资产管理领域的精耕细作和多元化投资策略，实现了惊人的业绩增长，公司的总收入从12亿美元飙升至65亿美元；其管理的资产从1985年的40万美元飙升至2020年的6185.6亿美元。

根据国际私募行业权威杂志统计的数据，2020年黑石集团募集的资金总额是959.5亿美元，以绝对的优势位居全球私募基金榜首，成为全球私募之王。

第二节　收购希尔顿，一次教科书级的PE^①投资

黑石集团早已在房地产领域布局深耕，并成功囊括了一系列知名酒店资产。为了在该领域实现更为深远的拓展，黑石集团一直想收购希尔顿酒店集团，但遗憾的是，双方在价格上一直没谈妥。刚开始，黑石集团每股报价 30 美元，希尔顿觉得太低了。为了提高报价，希尔顿决定引入竞购机制，通过竞购来提高售价。当时，正是黑石集团筹备上市的关键时期，这增加了黑石集团收购希尔顿的紧迫性与决心，为了拿下希尔顿，黑石集团同意将报价提高到每股 40 美元。不过，希尔顿得知黑石集团对自己势在必得后，将报价提高到每股 48 美元。最后经过多轮谈判，双方终于达成一致，以每股 47.5 美元的价格达成交易协议。

---

① 市盈率，用于衡量股票的投资价值和盈利能力。

2007 年，黑石集团以惊人的魄力，斥资 260 亿美元成功收购了希尔顿酒店集团。这次交易让黑石集团获得了希尔顿旗下享誉全球的十大酒店品牌，收购了遍及世界各地的 2800 家酒店，总计近 50 万个房间。这 260 亿美元的交易资金中，有 60 亿美元源自黑石集团的自有资金，剩余的 200 亿美元则是通过杠杆贷款筹集的。

黑石集团曾对希尔顿酒店的收购寄予厚望，期待如同以往对房地产项目的操作一样，通过一番精心运作后迅速转手，获取丰厚的回报。然而，命运却与他们的计划背道而驰。刚完成收购不久，全球便遭遇了 2008 年的金融危机，这一突如其来的金融风暴令所有人都措手不及。

一、收购后面临的困境

在全球经济衰退的大势下，旅游业遭受了重创，酒店业也未能幸免。希尔顿酒店作为行业巨头，其业务亦遭受了严重的影响，业绩惨淡。据外界估算，金融危机期间，希尔顿酒店的市值大幅缩水，蒸发超 60 亿美元。这一巨大损失让黑石集团的收购计划一度成为华尔街的笑柄。

在旅游业遭受重创的阴霾之下，希尔顿酒店还面临着来自竞争对手喜达屋酒店与度假村国际集团的严峻指控。喜达屋声称：希尔顿涉嫌非法窃取并掌握其高度机密的商业文件，且这些行动得到了希尔顿首席执行官的默许；希尔顿依据这些非法获取的机密信息制订了新的战略计划，试图在激烈的市场竞争中占据优势，对喜达屋构成了不正当竞争。

这一指控迅速引起了联邦调查官的关注，联邦调查官随即展开了深入调查。然而，面对如此严重的指控，希尔顿酒店及其首席执行官坚决否认，强调自身一直秉持着公平竞争的原则，从未参与任何形式的商业间谍活动，对于所有指控将采取法律手段积极应对，以维护公司的名誉与合法权益。

上述困难已颇为棘手，更为严峻的挑战接踵而至。金融危机的肆虐导致信贷市场几乎处于冻结状态，这让黑石集团通过杠杆收购所承担的200亿美元巨额债务陷入了难以重组的困境。在这种情况下，那些为黑石集团此次收购提供贷款的投行也遭受重创，他们原本寄希望于通过资产证券化来释放流动性、缓解资金压力的计划也彻底落空。这次收购将黑石集团及其贷款方紧紧束缚，使得双方均陷入了前所未有的资金困境之中。当时华尔街普遍认为黑石集团这次可能要完了。

即便面对如此严峻的局面，黑石集团也没有气馁，而是积极寻找破局之法。虽然希尔顿酒店的业务在短期内遭受了冲击，但黑石集团却不担心希尔顿会因此破产。这得益于乔纳森·格雷一贯坚持的融资方案：一个没有债务的契约。乔纳森·格雷在收购前就做了最坏的打算，并准备了一些应对之策。希尔顿酒店在2013年年底之前没有债务，这一高瞻远瞩的融资安排为希尔顿赢得了6年的缓冲期。只要黑石集团在这6年间推动希尔顿酒店业务的开展，希尔顿酒店就能够安然度过这次危机，还有可能迎来新的发展机遇。

二、迎来转机

或许正如世人常说的那般，当命运之门悄然合上，它往往会在不经意间于另一处开启一扇窗。希尔顿酒店因客流减少而缺少现金流时，意外发现一种能获得现金流的方法，那就是售卖希尔顿这个品牌的特许经营权。

其实在黑石集团收购希尔顿酒店的前一年，希尔顿酒店收购了自己的姊妹公司——希尔顿国际，而希尔顿国际恰好持有希尔顿海外品牌的所有权。并且在希尔顿被收购之前，希尔顿这个品牌在海外市场还没得到充分的开发，市场占有率也不高。如果将希尔顿这个品牌卖给那些想要进入海外市场却苦于没有海外经营许可证的一些酒店，不就能获得源源不断的现金流了吗？希尔顿通过出售特许经营权不仅能够迅速回笼资金，缓解财务压力，还能在全球范围内进一步扩展其品牌影响力，实现双赢乃至多赢。

希尔顿酒店出售特许经营权，只需要将希尔顿这个金字招牌及其背后所蕴含的技术精髓、成熟经营模式等宝贵资源作为许可内容，一起授权给加盟商，就能借助加盟商的资金，在全球进行布局。

在此过程中，希尔顿酒店作为特许人，不仅能够获得加盟费、保证金及培训服务费等，随着各加盟酒店的稳健运营，希尔顿还能持续享有每月酒店收益的固定比例分成，从而构建起稳定且持续增长的现金流。

此外，希尔顿酒店还可以利用规模效应，在装修材料、设备采购等环节实现批量购买，再以优惠价格卖给加盟商，从中赚取中间差价。这一策略不仅降低了加盟商的成本，还进一步拓宽了希尔顿的盈利渠道，实现了供应链条上的价值共创与共享。

从 2008 年到 2009 年，希尔顿在亚洲、欧洲地区广泛出售自己的特许经营权，每年新授权 5 万家特许经营酒店，一时间带有希尔顿品牌的酒店遍地开花。这种特许经营模式缓解了希尔顿的资金问题，让希尔顿的经营和财务状况得以改善。

为了让希尔顿尽快走上正轨，黑石集团除了让希尔顿出售特许经营权，还聘请具有丰富酒店管理经验的克里斯·纳塞塔担任希尔顿酒店集团的CEO，对希尔顿进行了一系列的改革。

克里斯·纳塞塔一上任便以雷霆万钧之势，对希尔顿进行了大刀阔斧的改革。他将希尔顿的全球总部从繁华但租金高昂的加州比弗利山庄搬到弗吉尼亚的郊区，还亲自主导了一场高层管理人员的"优化换血"。他慧眼识珠，挑选出一批兼具创新能力与执行力的精英，共同构筑起希尔顿新的领导核心。这一系列的人事变动不仅为希尔顿注入了新鲜血液，而且激发了组织内部的活力与创造力，为后续的运营优化与战略实施奠定了坚实的基础。在他的领导下，希尔顿酒店的运营成本得到了有效控制。

三、追加投资

在黑石集团的帮助下，希尔顿酒店逐渐步入正轨。这时，黑石集团将希尔顿的债权人召集起来，告诉他们希尔顿酒店已经度过了最艰难的时期，不过现在又到了一个非常关键的时期，只要大家能再追加一些投资，让希尔顿酒店的业务发展起来，未来就会有更多的回报。

那些联合投资很多资金的债权人也没办法，因为投出的钱现在收不回，为了减少损失只能同意。2010 年，黑石集团又给希尔顿酒店投资 8 亿美元用于发展酒店业务，同时对希尔顿酒店进行了债务重组，将希尔顿酒店账面上 200 亿美元的债务降到 160 亿美元。

在黑石集团的精心运作和不懈努力下，希尔顿酒店的经营和财务状况得到显著改善。到 2011 年时，其现金流已强势复苏，已接近 2008 年金融危机前的水平了。随着市场环境的持续回暖，希尔顿酒店的业务也蒸蒸日上。一向擅长资本运作的黑石集团，再次展现出其敏锐的洞察力和深远的战略眼光，开始筹谋将希尔顿酒店推向资本市场的宏伟计划。

四、长期投资的收获

2013 年 12 月，在黑石集团的推动下，希尔顿酒店以每股 20 美元的价格在纽交所成功上市。这次上市为希尔顿酒店筹集到 23 亿美元的资金。这一数字震撼了华尔街，在这之前从来没有哪家酒店能获得这么多的融资。上市第一天股价还上涨超过 8%，为黑石集团带来超过 85 亿美元的账面利润。当年那些因希尔顿"巨亏 60 亿美元"而嘲笑黑石集团的人，再也笑不出来。

从 2014 年开始，黑石集团就逐步出售希尔顿的股票，直到 2018 年 5 月，黑石集团将最后一批希尔顿的股票全部出清。数据显示，黑石集团对希尔顿酒店这次长达 11 年的投资，获得了大约 140 亿美元的利润。这是私募股权成功运作的典型案例，成为私募股权史上"最赚钱的一笔 PE 投资"，也堪称投资界的一次教科书级 PE 投资。

黑石集团所取得的非凡成就跟其投资理念息息相关。多年来，黑石集团始终秉持着"长期主义"的投资理念，专注于挖掘并培育那些具备长期发展潜力的企业。在这个投资理念的指引下，黑石集团超越了短期财务收益的诱惑，转而聚焦于企业内在的成长动力与未来愿景，通过战略性的投资和管理介入帮助企业扭转不利局面，获得更进一步的发展，同时也获得丰厚的回报，实现了资本和企业的双赢共生。

第三节　苏世民的经验和法则

　　1947 年，苏世民出生于一个犹太裔的中产家庭，他从小就在父亲经营的一家窗帘麻布商店打工赚取零用钱。从耶鲁大学毕业后，苏世民又以优异的成绩考进了哈佛商学院读研究生。

　　研究生毕业后，苏世民进入当时华尔街著名的投资银行——雷曼兄弟公司。在这里，他结识了自己的"伯乐"——时任雷曼兄弟董事长兼 CEO 彼得·彼得森。凭着出众的才能，苏世民在 31 岁那年就晋升为雷曼兄弟公司的合伙人，成为当时最年轻的合伙人之一。彼得森离开雷曼兄弟公司后，苏世民也义无反顾地递交了辞呈。

　　1985 年，苏世民和彼得森一拍即合，一起创建了黑石集团。作为黑石集团的联合创始人、董事长兼 CEO，苏世民先生以卓越的领导才能、超凡的商业智慧及对市场趋势的精准把握，引领着这家全球最大的另类资产管理公司不断攀登新的高峰，创造了一个又一个奇迹。

苏世民以其独特的人格魅力、卓越的领导力及对社会责任的深切关注，赢得了业界的广泛赞誉与尊敬。《财富》杂志更是多次将盛誉给予他，先赞誉其为"华尔街新一代的领军人物"，后又于 2007 年评选他为全球 25 位最具影响力商界领袖之一。

苏世民喜欢思考和总结，他将一路走来的点点滴滴——无论是辉煌的成就还是深刻的教训，都细心提炼成宝贵的经验和教训。这些由亲身经历淬炼而成的真知灼见，对于每一位怀揣梦想、勇往直前的追梦者来说，都是一笔难得的财富。以下是苏世民众多宝贵经验和教训中的一部分，跟大家共享。

一、15 条工作和生活经验

1. 做大事和做小事的难度是一样的

苏世民认为，不管是追求伟大的事业还是完成一些琐碎的小事，其实难易程度是一样的。既然如此，那就选择一个值得倾注自己全部心血的宏伟目标，然后好好努力，这样最终的收获将与我们所付出的汗水、智慧及不懈努力成正比，这就确保了每一分努力都会有所回报。如果你觉得一件事情很难，但值得去做，那就努力去尝试，这有助于挖掘自己的潜能。

2. 要善于研究生活中取得巨大成功的人和组织

没有谁天生拥有一切，都是后天在挫折中不断磨炼出来的。想要少走弯路，快速成长起来，就多从生活中那些取得卓越成功的个人与组织中汲取养分。他们就是鲜活的例子，会告诉我们成功的办法。通过深入研究这些人和组织，我们能够获得宝贵的启示与灵感，进而在自我提升的道路上不断前行，攀登新的高峰。

3. 要善于分析他人的问题并提出解决办法

大家都喜欢谈论自己或跟自己相关的话题。所以，你跟他人交往时要学会倾听，多分析别人的问题。你如果有好的解决办法，那就说出来，不过在说出之前要确认你那些想法确实是经过深思熟虑的，而不是信口开河。

4. 信息是最重要的商业资产

在信息为王的时代，数据与信息无疑是企业最宝贵的资产之一。掌握的信息越多，看问题的角度就越多，分析问题就越全面，越能发现异常现象，这样在激烈的竞争中就能抢占先机。因此，对一些新鲜事物，不管是新的人、新的经验还是新的知识，我们都要始终保持一颗永远开放的心，这是企业持续发展的不竭动力。

5. 年轻时，请接受能为自己提供学习和磨炼机会的工作

初入职场的每一步都是构筑人生坚实基石的关键。所以，你刚入职场时不要贪图享受，也不要被眼前的浮华与短暂声望所迷惑，不要轻易妥协而接受一份没有成长价值的工作，而要勇于接受挑战和磨炼，接受那些能给你提供学习和成长机会的工作。未来你会发现，正是那些看似艰难的经

历如同磨刀石，能够磨砺意志，拓宽视野，为你的日后辉煌奠定不可动摇的基础。

6. 第一印象非常重要

在展示自己时，要记住第一印象非常重要。你想要赢得他人的认可，必须塑造一个无可挑剔的整体形象。人们会从一些细微之处捕捉信息，从你的一言一行中判断你到底是个什么样的人，从而决定要不要跟你合作。所以跟他人交往时，务必坚守承诺，重视时间，做个诚实守信的人。

7. 要黑白分明、百折不回

我们应当秉持一种坚定不移、明辨是非的原则，让诚信成为我们最坚实的盾牌。在顺境，不需要付出任何代价或承担任何后果时，坚守正道很容易；身处逆境，需要我们做出取舍时，坚守正道就很艰难。在这些关键的时刻，我们应当坚守自己的内心，不因外物诱惑而动摇，坚持言出必行，不能因为一己之私而误导他人。

8. 要勇往直前

那些有所成就的人都具有一往无前的勇气和志在必得的气魄。在关键时刻，其他人谨小慎微、不敢冒险时，他们则会挺身而出，勇于担当，展现出非凡的决断力与领导力。在他人瞻前顾后、犹豫不决时，他们已经采取了果断行动，但他们绝不是盲目冒进，而是深思熟虑后做出明智选择。

9. 永远不要骄傲自满

我们应当永葆谦逊之心，深刻认识到世间万物皆处于不断变化之中，没有什么是永恒不变的。不管是个人还是企业，都要警惕骄傲自满的陷阱，因为只有不断追求自我革新与精进，才能在时代的洪流中屹立不倒。

10. 一次又一次坚定地推销自己的理念

很少有人能在第一次向别人推销自己的理念时就获得成功。因为每个人的理念不同，你不能要求别人听了一遍就接受你的理念，所以你要具备不屈不挠的精神，一遍又一遍地向别人推销你的理念。你要知道，大多数人都不喜欢改变，对变革抱有天然的抵触，所以你要用智慧和耐心告诉他们为什么要改变。不要因为害怕就不去努力，不去争取，你要敢于跨出自己的舒适区，直面挑战，不懈追求，直到得到自己想要的东西。

11. 成功就是抓住了寥寥可数的机遇

保持一颗开放而敏锐的心，我们才能冷静地观察周遭情况，时刻处于高度警觉的状态，以便在第一时间发现并紧握那些稍纵即逝的良机。抓住机会后，我们还要具备卓越的规划与整合能力，将所有资源都充分利用，然后全力以赴。如果你发现自己不能倾尽全力，就说明这个机遇或许并未如你所愿那般诱人，不能充分激发你的潜能；可能你不是那个恰好能把握这个机遇的天选之人。

12. 尽可能雇用"十分人才"

招聘人才时，不要退而求其次，要用就用那些顶尖人才，也就是"十分人才"。因为这类人才什么都会，做起事来游刃有余。这类人才不仅具备敏锐的洞察力，能预知问题所在，还能创造性地设计解决方案，引领企业向新的领域发展。他们不仅是问题的解决者，而且是创新的推动者，总能以非凡的视野和行动力为企业开辟出一条条通往成功的崭新道路。并且，"十分人才"还拥有强大的磁场效应，能够吸引并汇聚更多同样优秀的"十分人才"加入团队。这些"十分人才"是企业最宝贵的财富，也是推动企业持续繁荣与进步的强大引擎。

13. 帮助那些你认为对的人

你如果认为某人值得去帮，那就随时准备伸出援手，不要去管周围人是什么态度。即便其他人都纷纷远离，你也要做他坚实的后盾。人生路上，风雨难测，谁都有可能陷入困境。正是在这样的时刻，你的一个不经意间的善意之举可能会改变他的人生轨迹，你也有可能会收获意想不到的情谊。

14. 帮助别人实现他们的梦想

每个人的心中都有梦想。我们要不遗余力地去帮助别人实现他们的梦想。在帮助别人实现梦想的时候，我们不仅能够见证他人梦想成真的喜悦，也能深刻体会到团结互助、共同成长的温暖与价值。

15. 发现人生轨迹的转折点

有时现实和梦想之间的巨大差距，让我们心生绝望。这时不要气馁，我们去寻找那些被忽视却可以彻底改变人生轨迹的转折点。这些转折点或许不显山露水，却可以在无声中引领我们突破自我的局限，让我们在挫折中学会坚韧。每一次转折都是一次心灵的洗礼、一次智慧的觉醒，它们悄无声息地重塑着我们的世界观与价值观。我们在人生的旅途中，即便风雨兼程，也要怀揣希望，勇往直前。

二、10 条投资法则

1. 充分使用手中的一切工具

有效利用手中掌握的所有工具与资源，是投资成功的核心要义。投资者深入挖掘并充分发挥每一项工具的潜力，精准把握市场脉搏，灵活应对各种挑战与机遇，才能实现财富的持续增值与积累。

2. 任意一笔不良投资，都可能将你击垮

金融市场变幻莫测，有时一次意外的运气不好、一笔糟糕交易、一项不良的投资，都有可能让投资者失去一切。

3. 打造多元化的业务生态体系

为了有效应对市场日益激烈的竞争与不可预测的变故，投资者积极构建并持续优化多元化的业务生态体系显得尤为关键。

4. 降低投资人的决策难度

在寻求投资合作的过程中，若能有效降低投资人的决策复杂度与难度，无疑将极大地促进合作进程更加顺畅与高效，从而加速投资决策落地，实现创新成果向市场价值的快速转化。

5. 鼓励群策群力

为了消除投资过程中可能潜藏的个人偏见与风险因素，我们亟须构建倡导群策群力、强化集体责任感的决策环境。

6. 投资的首要原则是不要赔钱

投资领域的至高准则，便是"守护资本，避免亏损"。为践行这一铁律，我们要构建一个动态优化、日臻完善的投资流程体系，确保每一步投资决策都基于严谨的数据分析与理性判断。

7. 时间会对所有交易造成负面影响

时间对所有交易会造成负面影响，有时甚至会产生致命的影响。通常而言，一场交易等待的时间越长，不确定性也就越大，交易越有可能被取消。尤其是在错综复杂、充满挑战的谈判中，我们要尽量以最快的速度达成协议；如果不能，那就不要让对方离开谈判桌，以免发生意外。

8. 杠杆收购中投资者可以采取的运营改进措施

采用杠杆收购时，投资者可以采取以下改进措施：显著提升制造流程的自动化与智能化水平，以实现生产效率与成本控制的双重飞跃；优化能源管理体系，提高能源利用效率，促进绿色可持续发展；实施精细化采购策略，增强供应链韧性，降低运营成本；勇于投产创新产品线，这样不仅可以丰富企业的业务，而且能为其开辟新的增长极；在市场拓展方面，积极寻求国内外新市场的突破，拓宽销售渠道，增强品牌影响力；致力于技术革新与升级，通过引入前沿科技，提升产品竞争力与附加值；加强公司管理团队建设，提升领导层的战略眼光与执行能力，为企业的长远发展提供坚实的智力支撑与组织保障。这一系列深谋远虑的运营改进措施，共同构筑了杠杆收购后企业焕发新生、实现跨越式发展的坚实基础。

9. 杠杆收购中令人印象深刻的三件事

（1）无论宏观经济浪潮如何起伏，杠杆收购凭借其独特的财务结构与运营策略，总能稳健地从日常运营费用及投资利润中赚到收入。它展现了一种超越经济周期的生存与增长能力，令人印象深刻。

（2）杠杆收购不仅仅是资本的游戏，还可能是企业重生的契机。通过这一方式，投资者能够深入企业肌理，实施一系列深远的变革与改进，从运营效率提升到市场策略调整，乃至战略方向的重新定位，全方位地重塑被收购公司的面貌，实现真正的价值提升与业务转型。

（3）对于成功的杠杆收购来说，其最终的回报往往令人瞩目。投资者可以通过财务杠杆的作用，放大投资效益，实现财富快速增长。

10. 投资成功与否跟经济周期息息相关

经济周期的力量不容忽视，能否投资成功，跟进出经济周期的时间点有关。因为经济周期会影响企业的成长轨迹，有时甚至左右企业的市场估值和潜在的回报率。经济周期又根植于错综复杂的供需关系之中。投资者如果能精准把握这些供需因素，并通过科学的量化分析手段，将其转化为可度量的数据指标，就可以知道自己与市场底部和顶部的距离，在变幻莫测的市场环境中稳健前行，精准捕捉投资机会。

第四章　全能金融服务集团——花旗集团

　　花旗集团（Citigroup）是一家历史悠久的全能金融服务公司，总部位于美国纽约。其历史最早可以追溯到 1812 年设立的纽约城市银行（City Bank of New York），1955 年与纽约第一国民银行合并后，改名为纽约第一花旗银行，1962 年又更名为第一花旗银行，1998 年与旅行者公司合并后改名为花旗集团，成为当时世界上最大的金融服务公司之一。

　　花旗集团是一家综合性金融机构，涵盖了商业银行、投资银行、资产管理、财富管理、保险、债务融资、金融市场交易等多个方面。其业务遍布全球 100 多个国家，为超过两亿的个人、机构、企业和政府部门客户提供全方位的金融服务。

第一节　全能金融集团的发展历程

花旗集团的历史悠久，最早可以追溯至 19 世纪初的纽约城市银行，这是由犹太裔杰出人物塞缪尔·奥斯古德先生于 1812 年 6 月创立的一家金融机构。

一、花旗银行

1865 年，纽约城市银行敏锐地洞察到时代的变迁，毅然加入新成立的美国国家银行体系，并获国民银行执照，于是该银行将名字改为纽约花旗银行。随着时间的不断推移与全球经济的蓬勃发展，纽约花旗银行不断拓展其业务版图，不仅巩固了在国内市场的领先地位，而且将触角延伸至全球。其业务范围越来越广，不仅涵盖了传统的金融服务，还增加了国际业务、投资银行业务、外币交易业务等。

到 20 世纪 30 年代，纽约花旗银行已傲然屹立于全球金融舞台，其业务版图拓展至亚洲、欧洲，还在美国境外设立了 23 个办事机构，一跃成为当时规模最大、影响力最大的国际性银行。

步入 20 世纪 50 年代，美国企业界风起云涌，掀起了一场波澜壮阔的企业兼并浪潮。在这场历史性的变革中，纽约花旗银行凭借其敏锐的洞察力和强大的实力，通过一系列兼并举措，实现了规模与实力的飞跃式增长。

1955 年，该行更是以非凡的气魄，将摩根财团麾下的第二大银行即纽约第一国民银行纳入囊中，并更名为纽约第一花旗银行。1962 年该行更名为第一花旗银行，资产规模急剧膨胀，实力空前强大，成为仅次于美洲银行与大通曼哈顿银行的美国第三大银行。1976 年，经历又一次扩张后的第一花旗银行将名字改为花旗银行，并沿用至今。

二、花旗公司

1968 年，为了规避《1933 年银行法》和《1956 年银行法》中针对银行业设置的诸多严格限制和约束，花旗银行以独到的战略眼光决定成立一家全新的单一银行控股公司——花旗公司（Citicorp），并让花旗公司成为花旗银行的母公司。花旗银行还把自己的股票换成了花旗公司的股票。

实际上，花旗公司与花旗银行的董事会成员是一样的，两者其实就是一家公司，只不过挂了两个不同的牌子。经过这种组织架构的调整，花旗银行就能借助花旗公司这个招牌扩大经营和投资范围。另外，通过股票转换，花旗银行和花旗公司紧密地融合在一起。

新成立的花旗公司共管辖 13 家实力雄厚的子公司，业务横跨银行、证券、投资信托、保险、融资租赁等多个金融领域。凭借这样的组织架构，花旗公司成功规避了美国银行法对银行业的限制，构建起了一个多元化、综合化的金融服务公司。

花旗公司持续茁壮成长，其雄心已远远超越了当前的成就，渴望着更广阔的市场版图。与此同时，另一家怀揣远大梦想的企业——旅行者公司，亦不甘于现状。这家源自旅行者人身及事故保险公司的巨头，起初深耕保险领域，随后通过精妙的战略并购，特别是将美邦经纪公司纳入旗下，实现了华丽的转身，其业务范围扩大到证券经纪与投资金融等多个领域。1997 年年末，旅行者公司再次挥出重拳，将美国久负盛名的投资银行所罗门兄弟公司纳入麾下，并借此成立了所罗门·美邦投资公司，极大地增强了其在全球资本市场的话语权与影响力。尽管旅行者公司在国内声名显赫，但海外知名度尚显不足，那未被触及的海外市场如同一片未被探索的广袤蓝海，对其创始人充满了无尽的诱惑与挑战。为了获得海外那些广阔的市场，旅行者公司急需一位强有力的伙伴，携手共赴这场海外扩张的征途。

在命运的安排下，两个同样心怀壮志、视野开阔的金融巨头企业领导者在一次聚会中不期而遇，彼此间的默契与共识如同火花般瞬间迸发。他们意识到，强强联合不仅能够加速各自海外市场的开拓步伐，而且能在全球金融版图上谱写出更加辉煌的篇章。于是，一段关于合作、创新与共赢的传奇故事，就此拉开了序幕。

三、花旗集团

1998 年，花旗公司董事长约翰·里德和旅行者公司董事长桑福德·维尔共同宣布了一项震撼业界的决定：两家巨头企业将强强联合，缔造出全新的金融巨头——"花旗集团"。合并后的花旗集团总资产达 7000 亿美元，年利润达 500 亿美元，在全世界 100 多个国家有 1 亿多客户。此次合并让花旗集团成为美国第一家集商业银行、投资银行、保险、共同基金、证券交易等多个金融服务于一身的金融集团，同时它也是世界上规模最为庞大、实力最为雄厚的全能金融集团之一。

两家巨头合并之前各自都有大量的客户，并且重叠的很少。合并后，两家公司可以实现资源共享。花旗公司可以向旅行者公司的客户推销其商业银行业务，旅行者公司也可以向花旗公司的客户推销保险和货币市场基金。合并后，通过花旗银行的渠道销售出去的旅行者公司的年金，能让集团每年增加 7.5 亿美元的收入；旅行者公司也可以借助花旗公司向海外扩张。合并后，花旗集团的盈利水平和股票价格都在上涨。

两家巨头的合并不是普通的兼并，而是追求利益最大化的势均力敌的对等合并。为了体现这个合并原则，合并之后两家公司的股东分别享有合并公司 50% 的股份，两家公司原来的董事长兼 CEO 约翰·里德和桑福德·维尔并列为花旗集团的董事长兼 CEO，就连两人各自管理的人员数量也是一样的。

但是，这种双头负责制导致集团内部矛盾不断，严重阻碍了集团的快速发展。在双方对等合并仅 15 个月之后，原花旗公司的董事长兼 CEO 约翰·里德选择以低调的姿态淡出舞台，于是执掌花旗集团的权力正式落入桑福德·维尔手中。

为了重塑花旗集团的凝聚力与执行力，桑福德·维尔先生果断行动，对集团内部进行了一系列深刻的人事调整与重组。这些举措不仅强化了总部集权的管理体系，而且确保了决策的高效与统一，为花旗集团后续的快速发展奠定了坚实的基础。

合并后的花旗集团不仅专注于内部的优化与整合，而且以非凡的视野与魄力积极拓展其全球版图，实施了一系列精准而有力的并购战略。花旗集团相继将日本第三大证券公司、欧美长岛银行、英国施罗德投资银行、波兰第三大银行、欧洲美国银行、墨西哥第二大国民银行及韩美银行等重量级金融机构纳入麾下，有力地彰显了在全球金融市场上的雄心壮志与非凡业绩。

这些并购成功后，花旗集团麾下汇聚了众多知名品牌，包括但不限于花旗银行、旅行者集团、美邦证券、CitiFinancial（花旗财务）、Primerica（普瑞玛瑞卡）等，构成了一个璀璨夺目的品牌矩阵。这些品牌间的深度融合与相互赋能，不仅丰富了花旗集团的服务层次与维度，而且使其能够跨越个人银行、企业银行、投资银行、保险、证券经纪及资产管理等多个领域，提供一站式、全方位的金融服务解决方案。

花旗集团的股价持续攀升，盈利能力与收入水平均展现出强劲的增长态势，这一非凡成就彰显了其深厚的财务实力，并在业界树立了标杆。更让同行钦佩的是，在面对诸如 1998 年亚洲金融风暴、2001 年阿根廷金融危机及全球反恐战争等一系列突如其来的重大挑战时，当全球 1000 多家大银行的整体盈利水平在显著下滑时，花旗集团却以惊人的韧性实现了稳健增长，这一卓越表现无疑是对其卓越风险管理与金融体系稳固性的最佳诠释。

花旗集团之所以能在逆境中屹立不倒，并成为全球金融服务领域的领航者，得益于拥有的强大品牌矩阵、全方位的综合服务能力及遍布全球的运营网络。这些优势资源相互交织，共同构建了一个坚不可摧的金融生态体系，为全球客户提供了前所未有的金融服务体验与价值，赢得了广泛的信赖与赞誉。

2002年，依据英国权威金融杂志《银行家》对全球千家银行的深度剖析与综合评估，花旗集团以卓越的表现在一级资本、总资产及利润这三项关键指标上均傲居榜首，彰显了无可撼动的全球金融领导地位。步入2003年，花旗集团再次以非凡的增长动力实现了这三项核心指标的全面飞跃，增长率均超过13%，进一步巩固并扩大了在全球金融市场中的领先地位与竞争优势。

四、进行战略转型

花旗集团在全球快速扩张的辉煌征途中，因为合规性引发一系列的问题。从2003年开始，花旗集团决定对原先激进并购扩张策略按下暂停键，转向稳健增长的新航道。这一战略转型，标志着花旗集团将聚焦于零售业务。

通过一系列精心策划的并购行动，花旗集团在欧洲、亚洲、非洲及拉丁美洲等广阔地域上不断拓展零售业务网点。仅 2006 年一年里，花旗集团就在全球范围内新设了 1165 个花旗银行及消费金融分支机构，其中 862 个重要节点布局于美国本土之外，这一壮举不仅彰显了花旗集团全球化战略的深度与广度，而且为其在全球零售银行领域的领先地位奠定了坚实的基础。

2008 年，全球金融危机爆发，花旗集团也遭受重创，股票价格最大跌幅曾超过 98%；到了 2009 年，股票价格不仅没有回升，还持续下跌超 50%；到了 2010 年，股票价格才有所回升，不过当时的股票价格不及金融危机爆发前的 1/10。

为了摆脱 2008 年金融危机带来的困境，花旗集团只得缩小规模，将一些业务售出，这导致其在金融界的地位持续下滑。2020 年，受新冠肺炎疫情的影响，花旗集团除了财富管理外，其他零售业务再次遭受重创。

2021 年，花旗集团宣布了一项极具前瞻性的战略重构蓝图，决定优化业务结构，缩减那些虽然历史悠久但利润微薄、成本高昂的传统零售银行业务，聚焦于利润丰厚且成本较低的财富管理服务。这一战略转型标志着花旗集团向更加高效、高价值的业务模式迈进。

在此战略的引领下，花旗集团果断采取行动，2021 年宣布从包括中国、印度、韩国、俄罗斯在内的多个国际市场有序退出零售银行业务，同时推出统一财富管理平台，旨在为全球客户提供更加精准、全面的财富管理解决方案。

进入 2022 年，花旗集团的转型步伐也未曾停歇，进一步将印度尼西亚、马来西亚、泰国及越南等东南亚国家的零售银行与信用卡业务战略性地转让，并将原有的"全球消费者银行（GCB）"部门改为"个人银行与财富管理（PB&GWM）"板块。这个变动表明了花旗集团业务重心向更加高端、个性化服务方向的全面倾斜。

此外，花旗集团还积极拥抱数字化转型浪潮，加速零售业务的科技创新步伐，于2021年8月在美国市场率先推出了数字金融服务平台Bridge（花旗金融桥）。该平台具有便捷性、智能化和高度定制化的特点，为客户提供了无缝衔接的线上金融服务体验，巩固了花旗集团在数字金融领域的领先地位。

这一系列战略调整与创新举措，不仅有效提升了花旗集团的整体运营效率与盈利能力，而且在全球金融界引起了广泛瞩目。据英国权威财经杂志《银行家》发布的2023年全球银行1000强排行榜（基于一级资本排名）显示，花旗集团凭借卓越的表现跃居榜单第7位。这不仅是对花旗战略转型成果的高度认可，还预示着花旗集团正以更加稳健的步伐开启全球金融服务的新篇章。

第二节　强大的管理工具——人才盘点

如果企业实现了人才管理的深度整合，使之与宏伟的经营战略相配合，并巧妙融入日常运营的每一个细微环节时，这种融合便铸就了非凡的组织能力，它如同不竭的源泉，能为企业提供持久且难以复制的竞争优势。

花旗集团作为国际金融服务业的佼佼者，正是这一理念的生动实践者。在花旗集团的宏大版图中，花旗银行作为其核心品牌之一，尤为重视人才管理，很早就在企业内部实施了独特的人才盘点，选拔人才。

人才盘点不仅是花旗集团人才发展战略的重要内容，而且是其持续领跑行业、引领创新的关键驱动力。通过细致入微的人才盘点，花旗集团能够精准识别并培育那些与企业愿景相契合、具备巨大潜力与专业素养的杰出人才，确保他们能够在各自的岗位上发光发热，共同推动企业战略的顺利实施与运营效率的持续提升。

一、人才盘点的概念

人才盘点作为人力资源管理中的一个重要环节，其作用是对企业或组织内部的人才进行全方位、深层次的梳理与评估，即通过一番梳理和评估，确定企业人才的数量、质量层次及分布情况，了解人才的潜在能力和个性化发展需求，为企业绘制出一幅详细的人才图，进而为企业的持续发展与战略决策提供必要的智力支撑。

花旗集团始终致力于成为世界金融领域的领导者，实现这个伟大的目标需要一流团队、一流人才的支持。正是基于这样的战略考量，人才盘点成为花旗集团实现愿景的关键路径之一。通过精准高效的人才盘点，花旗集团得以清晰把握现有人才队伍的优势与不足，为制定具有针对性的人才引进、培养、激励与保留策略提供坚实的数据基础。人才盘点的实施，不仅确保了花旗集团能够持续汇聚全球顶尖的金融精英，而且为集团内部的每一位成员铺设了清晰的职业发展路径，激发了他们追求卓越、共创辉煌的无限潜能。

二、人才盘点的作用

人才盘点是一个管理过程，需要对员工进行多维度、深层次的评估。在花旗集团，人才盘点主要聚集于员工的绩效表现和内在潜能方面的挖掘，希望通过精细化的考核体系，精准把握每位员工的职业贡献与成长潜力。人才盘点过程中，一线经理和人力资源部经理携手合作，共同探讨评估的关键维度，然后制定一套统一的标准，从而为员工的工作业绩和潜在能力提供一份清晰、客观的评价报告。

值得注意的是，花旗集团明白只有当员工的个人成长与企业的整体发展相契合时，才能激发出最大的工作热情与创造力，所以在推进人才盘点时始终秉持以人为本的理念，充分尊重并考虑每位员工的个性化发展需求与职业愿景，努力为员工创造既具挑战性又充满机遇的工作环境。

在花旗集团，人才盘点机制的建立如同为企业的管理梯队建设筑起了一座坚实的桥梁。每当花旗集团需要一些优秀的管理者时，招聘经理便能自信满满地从内部人才库中精准挑选出最适合的候选者。由于候选人来自企业内部，招聘经理不仅能够基于过往的工作表现与绩效评估来衡量其能力，还能更全面地了解其职业态度、团队协作能力及文化契合度。这种全面的考量确保了所选出的管理者不仅能够胜任当前岗位，而且能在未来为花旗集团的发展贡献更大的价值。

花旗集团的人才盘点还促进了关键人才的平衡流动。因为有了人才盘点，高级经理对自己手里的人才不再紧抓不放，他们知道一个人才走了，很快就会有其他的人才过来填补，说不定来的人更优秀。

人才盘点让公司、管理者和员工个人都能受益。

就企业而言，人才盘点无疑是一项极具战略价值的经营管理工具。当企业需要进入新兴业务领域时，人才盘点能让企业精准识别并确定业务扩展所需的核心技能，同时深入剖析当前领导团队的优势与待提升之处，为企业的战略决策提供坚实的人才数据支撑。

就经理而言，人才盘点是一项极为强大的管理工具。它如同一面明镜，让管理者清楚看到团队成员的优势和劣势，从而清晰识别出员工内外部的差距。管理者通过人才盘点能够游刃有余地掌握人才资源，确保在关键时刻能够迅速调配到所需的人才。此外，人才盘点也是管理者管理和发展员工的重要法宝。它促使管理者持续关注员工的成长与发展，为每位员工量身定制职业发展规划，提供必要的支持与资源，助力员工在职业生涯中不断攀登新的高峰。在这一过程中，管理者不仅能够提升团队的整体绩效，而且能够提高员工的归属感与忠诚度，构建出和谐、高效、充满活力的团队氛围。

就员工而言，人才盘点是开启职业规划之门的"金钥匙"。这一过程为员工提供了一个全面审视自我、深刻了解职业现状的宝贵机会。通过人才盘点，员工能够清晰地认识到自己的表现亮点与待提升之处，同时获取来自主管的深入反馈与专业评价，这无疑为员工构建了自我认知与职业发展的坚实基础。在此基础上，员工能够更加主动、自信地与主管进行沟通与交流，共同探讨个人职业发展的目标与路径。

三、人才盘点方法

花旗集团的人才盘点主要包括绩效考核、潜能考核和九格方图三个板块，具体内容如下：

1. 绩效考核

花旗集团在员工绩效考核上展现出了前瞻性与全面性，考核时间横跨三年之久，确保了评估的稳健性与深度。这一过程涵盖了多元化的考核项目，旨在全面而细致地审视员工在九个关键领域的表现：从对整体结果的贡献到服务客户时的效率；从个人业务能力和技术的熟练程度到执行程度；从领导力的展现到对内对外关系，再到全球化背景下所展现的影响力与贡献。此外，社会责任的承担与践行也是评估体系中不可或缺的一环。

通过这九个维度严谨而全面的综合考核，花旗集团将员工的绩效评估细化为三个层次分明的等级，以精准反映每位员工的实际表现与贡献。

（1）优秀的绩效。此等级专为那些在九个考核领域内均展现出超凡能力与非凡成就的精英员工而设。这些员工不仅在所有工作维度上完美达标，甚至还有一些超标。他们在整体业务成果上贡献卓著，同时在服务客户时展现出极致的专业与热情，技术精湛，任务执行无可挑剔，领导力卓越，不断引领团队前行，关系网络构建广泛而深厚，拥有宽广的全球视野，并积极践行社会责任，成为组织内无可争议的佼佼者与典范。

（2）完全达标的绩效。此等级专为那些在九个考核领域内持续稳定地履行自身职责的员工而设。他们的工作表现全面达标，展现出卓越的职业素养与工作能力。这些员工不仅工作成果可靠，执行效率极高，而且与团队成员建立了和谐融洽的关系，成为团队不可或缺的支柱。他们能够高效地完成既定职责，还时常主动承担额外的工作任务，以高度的责任心和奉献精神，为组织的稳定运行与长远发展贡献自己的智慧及力量。

（3）起贡献作用的绩效。此等级专门为那些在九个考核领域内没有完全达标的员工而设。这些员工只有部分工作达标了，部分工作没有达标。具体而言，就是这些员工在某些操作上、技术上及专业上没有达到绩效标准，还有需要提高的地方；可能有时还表现出较弱的领导力。此外，他们在建立或维护良好的工作关系上遇到了一定的挑战，所取得的成果在稳定性和可持续性上有所欠缺。为了促进这些员工的成长与进步，经理往往需要投入额外的时间和精力，给予更多的关注与指导。

2. 潜能考核

花旗集团对员工的考核非常全面，不仅聚焦于绩效考核，还深刻挖掘并评估员工的潜能。对员工潜能的考核，花旗集团运用的是"十字路口模型"。

刚入职花旗集团时，每位员工的起点都是管理自己。从管理自己到管理他人是员工在花旗集团的第一个"十字路口"，标志着从独立贡献者向团队引领者的初步转型。随着经验的累积与能力的提升，员工将迎来第二个"十字路口"，即成为职能经理，开始肩负起管理一个部门的重任。这是对个人领导力与团队协作能力的考验。此后，花旗集团员工还会遇到职业生涯中的多个"十字路口"。每个"十字路口"都设有明确的绩效标准，用来判断员工成长与转型成功与否。通过这个"十字路口模型"，花旗集团不仅能挖掘出每位员工的潜能，还能根据员工的能力进行精细化分工与定位，帮助每一位花旗人在职业道路上稳健前行。

花旗集团将员工潜能考核结果划分为以下三个级别：

（1）转变的潜能。此类员工展现出跨越式发展的非凡潜力，他们不仅具备跃升至"十字路口模型"中另一更高层级岗位（如从部门经理晋升为分行行长）的能力与渴望，而且拥有广博而精深的专业技能与执行力。他们擅长灵活应用新知，勇于迎接更高层次的挑战与机遇，有超前的商业眼光，致力于推动整体业务目标的实现，而非仅仅满足于当前管理领域的成功。

（2）成长的潜能。此类员工具有调动到"十字路口模型"中同一层级的卓越能力，他们渴望在更为复杂的工作环境中（如从培训经理到人力资源经理的转变）展现才华。该类员工在操作、技术及专业能力、执行与领导才能方面均高出当前职级的要求，并且能持续学习新知识，追求同职级内的更大挑战与责任。他们既着眼于整体业务目标，又兼顾个人业务领域的持续精进，展现出非凡的职业成长动力。

（3）熟练的潜能。此类员工是该岗位上的佼佼者。他们精通当前的工作，并且能够灵活应对不断变化的工作要求，不断深化自身经验与专业知识。但是，他们对目前的工作非常满意，不追求在"十字路口模型"中的位置变迁或层级提升。他们具备扎实的技能基础与执行力，持续学习以保持竞争力，在关注整体业务目标的前提下关注自身业务的成功。

3. 九格方图

九格方图是人才盘点的核心，巧妙地将绩效评估与潜能挖掘结合在一起，以绩效考核结果为横轴，以潜能考核结果为纵轴，将绩效的三个等级和潜能的三个等级相互对照，通过一套科学方法将每位员工的绩效考核和潜能考核结果进行量化对比，然后准确地将每个员工放在九格方图不同的格子里。

（1）第一格放置的是绩效优秀、潜能属于转变型的员工。这类员工拥有跨越至更高职业层级的非凡能力与强烈意愿。这类员工在接下来的6个月内，极有可能迎来职位的晋升，步入更为广阔的舞台。

（2）第二格放置的是绩效优秀、潜能属于成长型的员工。这类员工具备了在同一管理层级内承担更广泛、更复杂工作职责的非凡能力，比如由普通经理到大区经理。

（3）第三格放置的是绩效完全达标、具备转变潜能的员工。这类员工能胜任当前的工作，并且具有向更高层次转变的潜力，有可能往第一格转移。

（4）第四格放置的是绩效优秀、潜能属于熟练型的员工。这类员工有能力在同一层级的相似工作岗位上高效地工作，是公司灵活的人才资源，将来有可能会被安排去做其他方面的工作。

（5）第五格放置的是绩效完全达标、潜能属于成长型的员工。这类员工虽已在本层级中稳定立足，但潜力无限，如果更加努力的话，未来可能有能力承担更多职责，接受更多的挑战。此类员工中不乏过去一年中勇于接受新挑战、成功转型至新工作岗位的第一、第二方格内的员工。

（6）第六格放置的是绩效属于贡献、潜能属于转变型的员工。这格放置的可能是上一年中勇于迈出舒适区，轮换至全新工作岗位的第一、第二方格内的员工，因为他们在新的岗位上还没表现出相应的绩效。

（7）第七格放置的是绩效完全达标、潜能为熟练型的员工。虽然该类员工有稳定可靠的工作表现，但还需要往更优秀的绩效努力。

（8）第八格放置的是绩效为贡献、潜能为成长型的员工。这类员工可能在某些工作领域方面表现良好，但在其他方面表现尚显逊色或有待加强，应该努力在当前的层级达到完全达标的级别。

（9）第九格：一般情况下，这类员工会在未来的3～6个月内被迫换一个地方工作或被淘汰。

通过九格方图，企业能一目了然地识别出不同类别的员工，当需要不同的员工时，就能快速找到最合适的人选，极大地促进了人力资源的优化配置与整体效能的提升。

花旗集团的人才盘点机制不仅是企业持续领航的驱动力，而且是巩固其在全球竞争中优势地位的关键要素。依托于精心设计的绩效考核体系、潜能评估框架及九格方图人才分布模型，花旗集团成功地塑造了一支集高素质、多元化与国际化特质于一身的精英团队。这支队伍不仅具备卓越的专业技能与深厚的行业洞察力，而且能在复杂多变的金融市场中敏锐捕捉机遇，从容应对挑战，为花旗集团的长远发展奠定坚实的人才基础。

第三节　花旗集团的"璀璨明珠"——花旗服务

2024 年 6 月，在花旗集团盛大的投资者日盛会上，"花旗服务"（Citi Services）闪亮登场，并占据"C 位"。花旗服务不是一项新业务，而是花旗集团悠久历史中一颗被庞大业务版图长久遮蔽的"璀璨明珠"。直到花旗新上任的 CEO 简·弗雷泽（Jane Fraser）对集团进行重组，花旗服务的独特魅力与战略价值才得以拨云见日，闪耀于全球视野。

重组前，花旗集团的业务架构由机构客户部门（Institutional Clients Group，ICG）和消费者部门（Customer Group）组成。重组后，花旗集团的业务架构包括：服务部门（Services）、全球市场部门（Markets）、投资和企业银行部门（Banking & International）、财富管理部门（Wealth），以及美国消费者银行部门（U.S. Personal Banking）。这次业务架构的变革，不仅凸显了花旗服务的重要地位，而且标志着花旗集团在全球金融领域的新一轮战略飞跃与业务升级。

经过重组优化后，花旗集团的服务部门在其整体利润中的占比日益提升，2024 年第一季度财报更是亮眼，服务部门的利润几乎占据了集团总利润的一半。

富国银行资深分析师迈克·梅奥（Mike Mayo）对此发表了自己的看法。他认为，花旗服务是花旗集团的"璀璨明珠"，其他业务均以其为核心展开，未来必将在集团中绽放耀眼的光芒，引领集团不断前行。当时，花旗集团市值约为 1140 亿美元，迈克·梅奥认为花旗服务的潜在价值被低估了，其独立估值应介于 900 亿～ 1200 亿美元。

迈克·梅奥之所以对花旗服务寄予如此厚望，主要因为该部门展现出的卓越财务表现与非凡韧性。花旗服务不仅实现了令人瞩目的 8% 年收入增长率，其回报率竟然达到了 20%。这一成绩显著超越了花旗集团整体的平均水平，彰显了其在集团内部举足轻重的地位与卓越的盈利能力。

尤为值得称道的是，在过去的 20 年里，花旗服务始终保持着稳健的增长态势，即便面对市场的剧烈波动，包括 2008 至 2009 年那场全球金融危机，当时花旗集团正处于风雨飘摇、几近破产的危机边缘，花旗服务却依然屹立不倒，其存款规模非但没有萎缩，反而逆势上扬，实现了 20% 的增长，这一非凡成就无疑是对其强大业务基础与卓越风险管理能力的最佳诠释。

花旗集团的高层领导团队明确指出，随着数字支付浪潮的蓬勃兴起以及集团全球供应链布局的扩展，花旗服务的业务版图在未来将迎来更为广阔的增长空间。

首席执行官简·弗雷泽正是基于对花旗服务内在价值的深刻认识与高度认可，才做出了将其独立成一个部门的重大决策。这一举措不仅彰显了花旗服务在集团内部的独特地位与核心价值，而且将其确立为花旗集团转型升级、重塑未来蓝图的关键驱动力。将花旗服务置于战略高地，集团旨在进一步释放其潜力，加速业务创新，以更加灵活、高效的姿态应对市场变化，引领行业潮流。

实际上，花旗服务并非重组浪潮中横空出世的新兴业务板块，而是自纽约城市银行诞生之初便深深植根于其血脉之中，历经岁月洗礼，伴随着花旗集团的不断壮大而日益根深叶茂。时至今日，花旗服务已长成一棵参天大树，与其他业务共同构成了花旗集团的金融森林。

20 世纪 70 年代，花旗集团就创造性地提出了服务营销理念，并将优质的服务巧妙融入金融产品之中，让金融服务如同普通商品一样供全球客户自由挑选。进入 90 年代，在一系列权威的品牌评选活动中，花旗集团都凭借其无与伦比的金融服务品质，屡次荣登金融业的榜首。

随着全球金融市场竞争的加剧，花旗集团不仅加大了服务营销力度，还将服务标准跟当地的文化结合起来，实现了服务标准的本土化，真正做到了"以客户为中心，服务至上"，从而在全球金融版图上树立起国际化服务的典范。

花旗集团深知，在快速变化的金融市场中，金融产品或许能被轻易模仿，但个性化的服务却是构筑企业持久竞争优势的坚固基石。因此，花旗集团始终致力于服务的不断优化与升级，以客户需求为导向，不断探索与创新，确保每一位客户都能享受到超越期待的服务体验。正是这份对服务品质的不懈追求，花旗集团在全球金融业的舞台上熠熠生辉，成为客户心中值得信赖与托付的伙伴。

花旗服务的独特主要体现在以下三点：

一、丰富的服务内容

重组后的花旗服务，其业务版图焕然一新，主要包括以下三大核心业务单元。

（1）流动性管理与支付解决方案（Liquidity Management & Payments Solutions）。该项业务致力于为企业提供全球性的银行账户设立与运营支持，确保企业能够跨越国界实现资金的自由流动与高效管理。从员工薪酬和供应商款项的便捷支付到客户收付款的自动化处理，再到资金优化配置策略的制定与执行，全方位助力企业优化财务流程，提升资金运作效率。

（2）贸易金融（Trade Finance）。它作为连接全球贸易的桥梁，为企业提供信用证担保服务，为跨国交易保驾护航，增强交易双方的信任与合作；同时，协助企业在新兴市场构建稳固的供应链体系，并为小型本地供应商提供融资贷款服务，帮助其承接来自苹果、宝洁等国际大公司的订单，促进全球贸易生态的繁荣与发展。

（3）证券服务（Securities Services）。该业务专为投资经理量身定制，提供安全可靠的资产托管服务，确保客户的基金与资产价值得到精准追踪与妥善保管。此外，还利用丰富的债务与股权证券发行经验，帮助企业发行债务和股权证券，为企业提供一站式的资本市场解决方案，助力其实现融资目标，加速成长步伐。

花旗服务采取一对一的服务形式，为每一位尊贵的客户配一位专属客户经理。这位客户经理不仅是客户金融旅程中的贴心导航者，而且是其财富增长与规划的智慧伙伴。他们全天候待命，细致入微地解答客户各类咨询，量身定制理财方案，甚至涵盖信贷支持等多元化金融服务。

当客户的资产达到一定规模时，花旗服务还精心设计了分级服务体系，依据财富额度提供差异化、更高层次的尊享服务。比如：帮助客户设立专项基金，以保障客户家族财富的传承，惠及后代；有时甚至延伸至客户的家庭未来规划，为客户的子女提供个性化生涯规划，包括深度分析创业可行性、探讨适合的行业与公司模式等，全方位助力家族的长远发展。

通过这样的前瞻性与人性化的服务模式，花旗服务不仅巩固了与现有客户的深厚关系，更巧妙地将其服务版图延伸至客户的下一代，实现了业务与情感的双重传承。

二、先进的服务理念

花旗集团致力于为客户提供超越期待的专业财富管理体验，将先进的金融智慧与个性化服务完美融合。在花旗集团，每一位客户都能享受到量身定制的财富管理方案。这些方案不仅基于深厚的行业洞察与专业知识，而且紧密贴合客户的独特需求与长远目标。

花旗集团财富管理优势主要体现为以下 5 条重要的服务理念：

1. 为客户提供一对一的服务

花旗集团的一对一服务，是构建一个全方位、多层次的客户支持体系。在这一框架下，每位尊贵客户不仅享有专属客户经理的个性化服务，还能根据需求无缝接入由精英组成的产品团队和技术专家团队。无论是复杂的金融解决方案咨询、定制化的投资规划，还是前沿科技应用支持与技术难题解答，花旗集团均致力于第一时间调动最适配的团队资源，确保客户的每一个需求都能得到最专业、最及时的响应与满足。这种超越传统界限的全方位服务模式，彰显了花旗集团对客户需求的深刻洞察与不懈追求，旨在为客户打造前所未有的尊贵体验。

2. 让客户了解自己的风险承受程度

花旗集团在为客户制定理财方案前，会先运用先进的理财评估工具让客户对自身的风险承受能力有个全面的认识。紧接着，专业顾问会细致入微地倾听并深入了解客户的生活愿景、家庭责任、未来规划等多元化生活需求，确保每一个细微之处都能被精准捕捉。然后基于这些详尽的信息，结合市场动态、经济趋势及客户的个性化偏好，专业顾问运用专业的金融知识与经验，为客户量身定制一套既稳健又具前瞻性的投资策略。

3. 开发全球领先的产品

花旗集团深入研究市场动态与客户行为，以前瞻性的视角和开放的心态探索金融服务的无限可能，在保持传统优势的基础上融入最新的科技元素与理念，打造出一系列既符合时代特征又贴近客户需求的创新产品。

这些创新产品不仅涵盖了传统金融服务的各个领域，如投资、贷款、保险等，还在移动支付、数字货币、绿色金融等新兴领域取得了突破性进展。花旗集团希望通过产品的不断创新，为客户提供更加便捷、高效、安全的金融服务体验，助力客户实现财富增值与人生梦想。

4.进行全面市场调研，获取全球资讯

花旗集团在全球范围内部署了精锐的调研团队。这些团队迅速捕捉并深入分析货币市场的波动、股市的动态及债券市场的最新趋势，随后通过高效组织的会议平台，将那些宝贵的市场洞察与最新资讯及时传递给花旗集团的资深理财专家，确保每位专家都能第一时间掌握全球金融市场的风云变幻，从而为客户提供更加精准、更具前瞻性的理财建议和服务。

5.给客户提供尊贵的待遇

花旗集团会为一些高端客户提供无与伦比的尊享体验，给客户提供一系列独特而诱人的娱乐活动参与机会或奖励计划。从激动人心的 F1 赛车盛宴到梦幻的迪士尼乐园开幕式，花旗集团作为荣耀赞助商所支持的各类国际赛事都会邀请一些客户参与或观看。通过这样的举措，花旗集团不仅加强了与客户的情感联系，还巧妙地提高了客户的品牌忠诚度与满意度。

三、健全的客户关系管理制度

早在 20 世纪 90 年代，花旗集团就在全球范围内实施和应用了客户管

理制度，进而促使市场份额不断提高。

1. 保持与客户的持续联系

为了保持跟客户的友好关系，花旗集团会精心挑选顶尖人才跟客户保持联系，让每位客户都能享受到高质量的联系体验。高层管理者更是亲自上阵，定期造访客户，以表达最诚挚的重视与关怀。此外，花旗集团还精心策划了一系列社交活动，如酒会、宴会及休闲娱乐聚会，让服务超越金融，融入客户的生活。

2. 为客户提供全面的服务

花旗集团为客户提供一站式、全方位的商业银行服务解决方案，包括资产管理、保险规划、个性化理财、专业咨询、旅行服务等多个方面。此外，花旗集团整合了呼叫中心与客户服务中心，构建起24小时不间断的服务网络，随时待命，满足客户的即时需求。

3. 为客户提供个性化服务

通过强大的客户管理系统，花旗集团能够精准了解客户的年龄、性别、地域、兴趣偏好、职业背景、教育程度、收入水平及资产状况等多维度信息，进而实施精细化的客户分类策略。针对不同类别的客户群体，花旗集团为其量身定制个性化的产品与服务方案。

为了给客户提供更好的服务，花旗集团还开展了客户服务理论研究，并不断进行服务创新。为了验证并优化服务成效，花旗集团每年都会邀请权威调查机构进行客户满意度调研，并基于反馈结果不断优化服务流程与细节，确保始终走在服务创新的最前沿，引领行业风向。

花旗服务承载着深厚的历史底蕴，长久以来如同珍宝般潜藏于多元化的业务架构之中，默默无闻地贡献着其独特价值。此番重组恰似一次精心策划的揭秘仪式，将这一古老而珍贵的业务从纷繁复杂的业务丛林中优雅地抽离，并赋予其独立部门的新身份，从而使其光芒得以绽放，成为公司战略版图上的一颗璀璨新星。

这一次重组预示着花旗服务即将步入一个全新的发展阶段，其独特魅力与深厚实力将在更广阔的舞台上得到全面展现。或许在不久的将来，花旗服务将成为推动花旗集团迈向新高峰的强大引擎，引领集团在全球金融领域中谱写更加辉煌的篇章。

第五章　有200多年悠久历史的杜邦家族

　　杜邦家族是美国最古老、最富有、最奇特的财富家族之一，其辉煌历程横跨两个多世纪。19 世纪末，杜邦家族资产总额就高达惊人的 1500 万美元，孕育了 250 位显赫富豪及 50 位超级巨富，其影响之深远可见一斑。20 世纪初，杜邦家族迎来了"三巨头"的辉煌时代，他们将家族带进前所未有的鼎盛时期。

　　杜邦家族的企业旗舰——杜邦公司，则是世界 500 强企业中的长寿公司之一，其历史可追溯至 1802 年。从最初的火药制造业先驱到如今横跨工业、铁路、石油、航空、金融等多个领域的全球性科研巨头，杜邦公司的转型与发展历程堪称一部生动的企业进化史。其业务网络遍布全球 90 多个国家和地区，对美国甚至全球经济发展做出了重要贡献。

　　尤为值得一提的是，杜邦公司在化学领域的卓越贡献，其中查尔斯·佩德森因在冠醚合成领域的开创性研究荣获了 1987 年诺贝尔化学奖，这不仅是对其个人科研成就的至高赞誉，更是杜邦公司科研实力与创新精神的生动体现。

第一节　靠火药起家的化工巨擘

杜邦家族的创始人是皮埃尔·杜邦。皮埃尔的母亲出身于犹太名门，因家道中落，跟家人一起从事钟表制作，后来嫁给了同行的一名男子即皮埃尔的父亲，后于 1739 年在法国巴黎生下了他们的第一个孩子皮埃尔。

皮埃尔长大后，父亲希望他能继承家族的钟表手艺，但他的心志却早已超越了家族的小天地，他的目光转向更为广阔的经济与政治领域。

一、步入政坛

1764 年，皮埃尔撰写了一本名叫《对国家财富的观感》的书。他在书中提出了发展农业资本主义的新思想，这引起了法国著名经济学家安·罗伯特·雅克·杜尔哥（Anne Robert Jacques Turgot）的注意。杜尔哥觉得皮埃尔年轻有为，就将多项经济项目交给他研究。得益于杜尔哥的赏识和提携，皮埃尔开始在政坛崭露头角。

1783 年，法国时任商务部部长皮埃尔被赋予了崇高使命——代表法国去参与调解英美之间的冲突。在调解英美矛盾的过程中，皮埃尔不仅展现了非凡的外交智慧与斡旋能力，还与日后成为美国开国元勋的托马斯·杰斐逊、本杰明·富兰克林等成为朋友，从此和美国结下不解之缘。

鉴于皮埃尔在签订《巴黎和约》期间的出色表现，法兰西国王路易十六以至高无上的荣誉，正式册封他为贵族。这一殊荣不仅是对其个人成就的极高肯定，而且标志着杜邦家族从此在法国社会中的地位不容小觑，备极显赫。

不料好景不长，1793 年法国大革命爆发，路易十六和王后被送上断头台，皮埃尔也不幸沦为阶下囚。他几经波折获得了短暂的自由，此后又一次牢狱之灾让他对法兰西的未来彻底绝望。心灰意冷之下，他偷偷变卖家产，决定全家迁到美国。

二、制造出第一批黑火药

1799 年，皮埃尔带着家人登上了"美国之鹰"号航船，一路辗转来到美国纽约，并在此定居下来。得益于之前在《巴黎和约》上对美国的慷慨相助，皮埃尔在美国不仅没有遭到冷遇，反而有良好的声誉并受到尊重，这为杜邦家族在美国的迅速立足奠定了坚实的基础。

皮埃尔有两个儿子，他们各具风采。大儿子维克托·杜邦以风流倜傥著称，生活尽显贵公子的不羁与奢华。小儿子伊雷内·杜邦兴趣则有些与众不同，对政治不感兴趣，却非常喜欢化学。他14岁时就撰写出一篇关于火药制造的文章，曾经师从法国近代化学之父拉瓦锡，学到专业的火药制造技术，为日后杜邦公司的发展奠定了坚实的基础。

有一次，伊雷内跟好友狩猎时发现美国的火药不仅价格贵，质量还没有法国的好，于是萌生了自己成立一家火药厂的想法。1802年，杜邦家族买下特拉华州的白兰地酒河边的一块地，开始筹建火药厂。这个火药厂就是杜邦公司的前身。火药厂筹备之时，出于对风险的控制，皮埃尔并没有出全资，而是让两个儿子去找银行家筹集一部分资金。伊雷内推出了发行原始股的计划，以每股2000美元的价格筹集到3.6万美元。

正当伊雷内致力于实现火药厂的宏伟蓝图之际，皮埃尔也在忙着行动。他向美国时任总统托马斯·杰斐逊提出了一项极具战略眼光的建议：为避免美国与法国皇帝拿破仑的军事冲突，转而以和平手段即财政交易获取法国在美洲的殖民地——路易斯安那。路易斯安那广袤无垠、土地肥沃且自然资源极为丰富，其重要性不言而喻。

杰斐逊总统对皮埃尔的提议深表赞同，认为这不仅是避免战争的明智之举，还是为美国未来扩张奠定坚实基础的良机。因此，他毅然将这一历史性的使命全权托付给了皮埃尔。在皮埃尔的斡旋下，1803年，一场史无前例的土地交易达成，拿破仑以1500万美元的价格将路易斯安那卖给了美国。这一壮举使美国的版图瞬间扩张了215万平方千米。

皮埃尔本人也因在此次交易中的卓越贡献，赢得了美国政府的高度信任与赞誉。他凭借着自己强大的人脉网络和社会影响力，不仅为杜邦家族的火药事业开辟了新市场，带来新机遇，也使杜邦火药声名远播，生意蒸蒸日上。

1804 年春天，杜邦制造出第一批黑火药，伊雷内挑出 11.3 千克的火药送到哥哥维克托在纽约的贸易公司售卖。维克托专门在报纸上刊登了一则广告，吸引很多人前来购买，订单也纷至沓来。当年的销售额就达到了 5 万美元。

此外，为了向皮埃尔表达感谢，杰斐逊治下政府也不断向杜邦公司下订单。到 1805 年，杜邦的火药销售额就达到了 10 万美元。到了 1810 年，杜邦公司已经几乎垄断整个美国的火药市场。

三、惨烈的爆炸

1812 年，随着第二次英美战争的爆发，杜邦成为火药供应的中流砥柱，其火药产品迎来了前所未有的大规模订购狂潮。1811 年，美国政府向杜邦预订了大约 2.3 万千克的火药作为储备，未雨绸缪；1812 年，这个数字飙升到约 9.1 万千克；到了 1813 年，美国政府的火药订购量更是增加到约 22.7 万千克，这个量大约是战前的 10 倍。此外，法国也向杜邦订购了大量的火药。伊雷内第一次尝到甜头。此外，杜邦家族在战争中的表现也为他们赢得了爱国企业家的称号。他们逐渐为美国所接纳，成为真正的美国人。

1815 年，杜邦公司发生了一场惨烈的爆炸事故。这场突如其来的灾难夺走了 40 名无辜工人的宝贵生命，并导致众多人员严重受伤，给工厂笼罩上了一层沉重的阴霾。在这危急关头，伊雷内毫不犹豫地冲向事故现场，亲自指挥救援行动，确保每一份努力都投入挽救生命与减轻伤害之中。

在那个时代，美国尚未建立完备的工伤赔偿法律体系，但伊雷内却毅然做出了一个开创性的决定：为每一位遇难工人的家属提供高达600美元的抚恤金，作为对他们失去亲人的补偿。这一举措不仅彰显了杜邦家族的人道主义精神，也标志着杜邦公司成为率先将此类赔偿纳入企业内部管理制度的先驱。

不仅如此，伊雷内还进一步推动了企业福利制度的革新，他颁布了一项新规定：自此以后，任何在杜邦公司因工作事故不幸离世的工人，其家人除了能获得一笔可观的抚恤金外，每月还能获得10美元的持续补助金，以确保这些家庭在失去经济支柱后仍能维持基本的生活水平。这一制度的实施，不仅为工人及其家庭提供了实质性的帮助，也极大地增强了员工的归属感与安全感，为杜邦公司赢得了良好的社会声誉。

通过不懈的努力与持续的改进，杜邦公司逐渐走出了爆炸事故的阴影，不仅恢复了正常的生产运营，而且在伊雷内的领导下不断发展壮大。

四、在战争中壮大

1816年，皮埃尔在睡梦中悄然离世。这时伊雷内接过了家族的重担，成为杜邦家族的新一代领航人。他每年从公司利润里拿出一笔资金用于公益和慈善，杜邦家族的名声越来越好。

1834年，伊雷内不幸因心脏病突发而辞世，于是家族的重任落在了其长子阿尔弗雷德肩上。阿尔弗雷德对火药技术的革新抱有无比的热情，却对烦琐的商业运营事务兴趣寥寥。鉴于此，他说服了两位弟弟跟他合伙管理公司，将杜邦公司转型为一家合伙企业。

19 世纪 30 年代，在金融危机的影响下，众多工厂纷纷倒下，而杜邦公司却因美国国内外的战争迎来了前所未有的发展机遇，业务蒸蒸日上。面对激增的订单需求，阿尔弗雷德在原工厂周边扩建了多座火药生产基地，确保满足供应。

然而，遗憾的是，在追求高效产出的过程中，由于生产任务异常繁重，杜邦公司对安全管理的重视力度有所减弱。这一疏忽在 1847 年酿成了惨痛的后果——杜邦公司又发生了一次重大的爆炸事故，导致 18 名无辜的工人失去了宝贵的生命。这一事件深刻反映出该公司在追求发展的同时，必须坚守安全生产的底线与责任。

1856 年，阿尔弗雷德离开了人世，其兄弟亨利成为杜邦家族和公司新的领导者。因为亨利毕业于西点军校，公司日常管理也偏向军事化。亨利不懂化学，就将技术交给侄子拉蒙·杜邦（阿尔弗雷德的次子），他自己则专注于企业的管理和经营。在叔侄俩的默契配合下，杜邦公司逐渐有了现代企业的雏形，羽翼日益丰满。

1861 年，美国南北战争爆发，杜邦家族选择支持北方。拉蒙秉承家族荣誉与责任感，接受了林肯总统赋予的重任——远赴英伦，竭尽所能为美国政府采购硝酸钾这一战略物资，以支持北方的正义事业。尽管过程中遭遇了重重困难与挑战，但拉蒙凭借其非凡的智慧与坚韧不拔的精神，最终圆满完成了这项艰巨而意义非凡的使命。

与此同时，杜邦家族的其余成员也不甘落后，他们各自以不同的方式为北方政府的胜利贡献着自己的力量与智慧。1865 年，南北战争结束后，杜邦家族收获了前所未有的荣誉和丰厚的经济回报。整个战争期间，杜邦公司生产了大约 1800 万吨的军用火药，比排名第二的火药工厂多了 454 万吨，将竞争对手远远甩在身后。

五、杜邦"中兴三巨头"

1889 年，77 岁的亨利去世。亨利的两个儿子开始为谁当杜邦的领导人而出现过一段时期的内讧，最后家族合伙人联席会决定让亨利的侄子尤金·杜邦成为杜邦的领导人，尤金的弟弟弗兰克担任监督人。由于尤金是技术人员出身，领导能力有所欠缺，导致杜邦公司的销售业绩一度下滑严重。

1902 年，尤金突然离世，杜邦公司一时之间找不到合适的领导者。内外交困之际，董事会里的元老竟然想把杜邦以 1200 万美元卖给其竞争对手拉福林·兰德公司。危急时刻，伊雷内的曾孙阿尔弗雷德挺身而出，联合他的两个堂兄弟科尔曼和皮埃尔共同出资，以 2000 万美元从董事会手里买回自己祖辈创立的企业。实际上，三兄弟只支付了 3000 美元的手续费，就以股份抵押转让的形式接管了杜邦公司。

后来，阿尔弗雷德、科尔曼和皮埃尔三人正式以委员会的形式，成为杜邦公司的新领导。科尔曼擅长管理，担任董事长一职；阿尔弗雷德熟悉生产和销售，担任副董事长兼总裁，负责公司运营；皮埃尔精通金融，担任财务总监。三兄弟开启了杜邦"中兴三巨头"模式。

三兄弟上任后，开始对杜邦这个家族企业进行重大改革重组。他们不仅高瞻远瞩地将杜邦总部迁到充满活力的威尔明顿市，还对公司的产品、营销、财务等方面进行了改革。经过一系列的改革，杜邦的业务拓展到多个领域，生产工艺也引入了更为科学、高效的技术体系，还引进一大批精通专业、经验丰富的年轻人。通过这些改革，杜邦公司从传统家族企业管理模式转变成职业经理人管理模式。

科尔曼通过股票置换的方式取得了拉福林·兰德公司半数股票，最终将老对手吞并，此后又一口气收购了美国火药公司、湖滨火药公司等。到1907年年底，杜邦公司已经兼并了110多家企业，杜邦的版图更大了。

1914年，第一次世界大战全面爆发。大战爆发后的5个多月，杜邦公司就卖给协约国大约9525万吨的炸药。为了满足战争的需求，在英国政府的协助下，杜邦公司一口气新建了5家工厂，雇用了3万多名员工，日夜不停地生产炸药。根据相关资料记载，杜邦公司1914年12月的股票价格每股还不到120美元，而一年多后，股票价格就飙升到每股775美元。这么高的价格让杜邦高层心惊，将股票一分为二，但一个月后，股价又飙升至每股430美元。

战争不仅让杜邦大发横财，还促使杜邦不断改进工艺，研发新品。由于战争不断，美国无法从欧洲进口燃料和化工品，导致美国人的衣服都染得不伦不类。看到这个商机，杜邦公司立即增加新的生产线，用于专门生产染料，此外还生产一些美国紧缺的化工产品。

1938年，杜邦发明了全新的合成纤维——尼龙。在第二年纽约世博会上，用尼龙制成的尼龙丝袜一炮走红。短短7个月，尼龙丝袜就为杜邦带来 300 万美元的利润。

1939 年，第二次世界大战爆发。杜邦家族身为犹太人毅然挺身而出，全力支持同盟国。"二战"期间，杜邦公司除了生产火药，还凭借其在科研领域的深厚积累，研发了一系列尖端且极具战略价值的军工产品，如汤普森冲锋枪、降落伞、军服、玻璃纸等。

在众多的辉煌成就之中，最为世人所瞩目的莫过于曼哈顿工程。为了打破世人对杜邦"发战争财"的固有印象，杜邦家族决定：在曼哈顿项目中，除必要的成本开支外，杜邦仅象征性地收取 1 美元作为报酬。

其实，杜邦家族做出这个决定不是意气用事，而是洞悉该计划背后所蕴含的科技潜力和政治影响力远非金钱所能衡量。这是未来推动杜邦家族持续繁荣、赢得世界尊敬与荣誉的基石。

六、布局海外市场

第二次世界大战前，杜邦公司已展现出具有前瞻性的战略眼光，悄然布局海外市场。1958 年，杜邦公司成立了国际部，专门负责海外企业的经营和管理。随着全球政治经济形势趋于稳定，杜邦公司在荷兰、北爱尔兰、委内瑞拉、巴西、智利、德国、法国等地投资建厂，进一步巩固了在全球市场中的地位。

到了 20 世纪 70 年代，杜邦公司将目光投向了充满活力的亚洲市场，分别在中国香港、日本东京、泰国曼谷等地设立分公司。到了 1978 年，杜邦公司的海外销售额已经占据公司总销售额的 1/3，这标志着杜邦公司已经蜕变成一家名副其实的跨国企业，其业务触角遍布世界多地。

1981 年，杜邦公司斥资 76 亿美元收购了大陆石油公司 3900 万股股票，这不仅创造了当时美国收购历史纪录，而且让杜邦公司从美国大企业排行榜中的第 16 位上升至第 5 位。

1990 年，杜邦集团携手美国默克公司共同成立了医药合资企业，标志着杜邦正式涉足医疗行业。

1997 年，杜邦公司再次展现其多元化发展的雄心，通过收购先锋良种国际有限公司 20% 的股份，进一步拓宽了业务范围。

2015 年，陶氏化学和杜邦公司两大巨头宣布对等合并为陶氏杜邦。合并后的陶氏杜邦总价值为 1300 亿美元，不仅稳居全球第二大化工企业的宝座，仅次于巴斯夫，而且在种子与农药领域实现了对孟山都的超越，成为该领域的全球领航者。

2023 年，杜邦公司收购了频谱塑料集团。频谱塑料集团致力于治疗领域，如结构心脏、电生理、手术机器人和心血管等，被收购后与杜邦的生物制药和制药加工、医疗设备和包装产品形成了完美的互补。

如今，杜邦家族已经站上第三个百年的门槛，紧握时代前沿科技与专利，仍在商界续写不朽传奇。

第二节 杜邦十大安全管理理念

在全球工业界，杜邦公司不仅以卓越的科研创新能力和广泛的产品线闻名，还以领先的安全管理理念和实践成为业界的安全标杆。从诞生之日起，杜邦就因产品的特殊危险性而将安全管理置于企业发展的核心位置，并开美国企业的历史先河，首次制定出企业的安全条例。

1911 年，杜邦在安全规范管理的基础上率先成立了全球首个企业安全委员会。这一创举不仅标志着杜邦在安全管理领域的领导力，而且也为企业界树立了典范，推动了全球工业安全管理体系的进化。至今，杜邦的安全操作管理记录档案仍被妥善保存，成为研究工业安全发展历程的宝贵资料。

1912 年，杜邦引入企业内部安全统计分析机制，通过科学的数据分析手段精准识别安全隐患，持续优化安全管理策略。这一举措不仅提升了公司的安全管理效率，而且为全球企业提供了可借鉴的安全管理新模式，引领了工业安全管理的智能化、精细化发展潮流。

1923年，杜邦进一步完善了安全管理制度，同时还创造性地建立了"无事故记录总裁奖"。这一奖项旨在树立安全生产的至高追求，激励全体员工共同努力，将工伤、职业病及安全事故的发生率降为零。

1940年，杜邦提出了具有划时代意义的口号——"所有伤害都是能够预防的"，这一理念不仅深刻改变了工业界对于安全管理的认知，还激发了全球范围内对于事故预防机制的深入探索与实践，成为安全文化领域的金科玉律。

1990年，杜邦设立了"安全、健康与环境保护杰出奖"。这一奖项的设立打破了传统界限，不仅面向企业员工，还广泛邀请社会各界人士参与，只要是对环境保护做出杰出贡献的个人或团体，均有机会荣获高达5000美元的奖励。此举不仅激励了更多人为环境保护贡献力量，而且彰显了杜邦作为行业领袖，在推动可持续发展方面的坚定承诺与不懈努力。

因为杜邦公司始终坚持将安全管理置于企业发展的战略高度，其安全记录长期以来始终优于美国其他工业企业，成为业界公认的典范。杜邦曾进行过一项深刻的成本效益分析，结果显示，若其安全记录仅维持在美国工业企业的平均水平，那么公司每年将面临高达10亿美元的经济损失。

为了有效避免如此重大的损失，杜邦公司始终将安全管理视为支撑企业持续繁荣的坚固基石。通过不断探索和实践，杜邦公司形成了独具特色的"杜邦十大安全管理理念"。这些理念不仅保障了员工的安全与健康，而且推动着企业的可持续发展，为全球众多的企业提供了宝贵的安全管理借鉴。

一、所有的事故都是可以预防的

一切安全事故都是可预防的！杜邦要求所有员工都要将这个理念根植于心，并成为不可动摇的坚定信念。

杜邦坚信，无论是日常作业中微不足道的小疏忽，还是可能引发严重后果的重大隐患，都能通过严谨的科学管理体系与高效可行的预防措施来避免。此理念的核心在于"预防胜于治疗"，敦促企业在安全管理方面采取一种积极主动的姿态，致力于通过系统化的风险评估机制、细致入微的隐患排查流程及全面覆盖的安全教育培训，在危险尚未成形之时便将其扼杀于摇篮之中。

比如，1812年杜邦就严格规定所有进入工厂作业区的马匹的马蹄必须细心包裹上柔软的棉布，以免马掌上的铁钉碰撞可能产生的小火星引发爆炸。这就是防患于未然。

二、各级管理层对安全负有不可推卸的责任

杜邦认为，安全管理的责任链条必须紧密相扣，从最高层的总经理至最基层的班组长，每一级管理层均有直接且不可推卸的安全管理责任。只有这样的层层负责制，确保安全管理的每一个环节都有人负责、有人担当，安全管理才能落到实处。

杜邦强调，各级管理者作为安全管理的第一责任人，必须对自己的安全管理职责有清晰的认识，并付诸实践。管理层不仅要制定科学的安全管

理制度，还要亲自参与安全检查、安全培训等活动，确保各项安全措施得到有效执行，只有这样，才能形成整体而全面的安全管理网络，确保公司安全管理不留死角，每一位员工的安全都能得到最大程度的保障。

三、所有危害因素都是可以控制的

杜邦秉持着一种坚定的信念：一切危害因素皆在可控范畴之内，关键在于是否愿意尽一切所能去控制它们；只要愿意，就能通过不懈的努力与创新，将生产中潜藏的隐患控制住。

杜邦认为，任何生产操作都可能有潜在的风险，但这些风险并不是不可控的。通过采用先进的工艺技术和设备、制定严格的操作规程和作业标准、加强现场监管和应急准备等措施，企业可以有效控制风险，降低事故发生的概率。

四、安全工作是雇用员工的基础条件

在杜邦，安全工作被确立为雇用员工不可或缺的一个基础条件。从员工踏入杜邦公司第一天起，杜邦便致力于培养并强化员工的安全意识，使之成为其职业生涯中不可或缺的一部分。

杜邦实施了一套全面而严谨的安全教育体系，确保每位新员工在入职首日即能沉浸于安全文化的氛围中。通过精心设计的安全培训课程与实战考核，杜邦筛选出那些对安全怀有高度敬畏之心、具备扎实安全知识的个体，与之携手并进，共同筑建安全的钢铁长城。

五、必须对员工进行安全培训

在杜邦，员工必须接受全面而严格的安全培训，以此确保每位员工都对各项操作流程中的安全要素了如指掌。这种培训不仅覆盖日常工作的方方面面，还深入每一个细微的操作环节，旨在培养员工在面对潜在风险时的敏锐洞察力和高效应对能力。

杜邦公司非常重视员工的安全培训。新员工的培训就是先从安全教育开始，每个月都有安全会议。每次会议主持人的第一句话就是"开会前，我先向诸位介绍一下安全出口在哪里……"，从这些小事入手，向大家灌输安全意识。

杜邦公司认为，只有经过严格的培训，员工才能具备足够的安全知识和技能，有效应对各种安全风险。因此，杜邦建立了完善的安全培训体系，针对不同岗位和层级的员工制定不同的培训内容和方式，确保每位员工都能接受到全面、系统的安全培训。

六、管理层必须进行安全检查

杜邦公司实行定期和不定期的安全检查制度，要求各级主管必须时常深入一线，开展详细的安全检查工作。这一行动的目的不仅在于全面搜集安全数据，以数据驱动洞察安全管理的细微之处，还在于深入了解生产现场的实际情况，捕捉那些可能隐藏在日常操作中的安全隐患，通过安全检查发现问题、分析问题并最终解决问题。各级主管不能放过任何一个细节，一旦发现潜在的安全风险或隐患，需要立即采取行动，组织相关团队进行深入剖析，制定切实可行的解决方案并跟踪落实整改措施，直至问题得到彻底解决。

七、所有不良因素必须马上纠正

在杜邦的安全管理中，任何安全缺陷都是不能容忍的。一旦发现安全缺陷或隐患，公司必须立即采取措施进行纠正和整改。发现隐患后，先对这些隐患进行整理和分类，以便更清晰地把握其性质、规模及潜在影响；然后明确界定隐患的责任归属，确保每个隐患都有明确的责任部门与责任人；同时，深入评估解决隐患所需的时间、资源及可能遇到的挑战，以便制定出科学合理的解决方案；对于那些不立即解决将带来重大风险或严重后果的隐患，须将其列为优先处理事项，确保资源优先配置，快速行动，以最快速度消除风险。

此外，对于那些需要长期努力或大额投资才能根本解决的隐患，要制订详细的实施计划与预算，并纳入公司整体战略规划之中，确保隐患整改工作的持续性与有效性。

八、工作之外的安全同样重要

杜邦公司认为，员工的安全不仅仅局限于工作时间内和工作地点上，工作之外的安全同样重要。从1953年开始，杜邦公司会考察员工在非工作时间的安全态度表现，鼓励员工关注自己工作之外的安全问题，如交通安全、家庭安全等；同时，通过组织各种安全活动和宣传教育活动，提高员工的安全意识和自我保护能力。

九、安全就是效益

卓越的安全管理不仅是一项精明的商业策略，还是企业通往成功目标与实现长远效益的坚实基石。在竞争激烈的市场环境中，安全不仅关乎员工的生命健康与企业的合规运营，更是一种无形资产，能够显著提升企业的市场信誉与品牌形象，从而吸引更多合作伙伴与获得更多客户的青睐。

通过实施高效的安全管理体系，企业能够有效预防和控制各类安全事故，降低运营成本与财务风险，保障生产活动的连续性与稳定性。这种稳定性为企业创造了良好的内部环境，使员工能够安心工作，充分发挥其创造力与潜力，进而推动企业的技术创新与产品升级。

十、员工参与是关键

缺乏员工的积极参与，安全管理的实现便如同空中楼阁，仅是美好的愿景而难以真正落地生根。在杜邦的安全管理体系中，员工不是被动的接受者，而是积极的参与者。员工身处一线，最了解作业环境中的潜在风险与安全隐患。只有当他们被充分赋权并鼓励提出改进建议时，安全管理的触角才能延伸至每一个角落，形成全方位、立体化的防护网。所以，杜邦鼓励员工参与安全管理的各个环节，包括安全制度的制定、安全隐患的排查、安全事故的应急处理等。只有这样，安全才能真正成为企业运营中不可或缺的一部分，为企业的持续发展提供源源不断的动力与保障。

杜邦十大安全管理理念是杜邦公司在长期实践中总结出来的宝贵经验，不仅体现了杜邦公司对安全管理的深刻理解和高度重视，而且为全球企业提供了可借鉴的安全管理思路和方法。

1998 年，杜邦成立专门的安全管理咨询部，将杜邦在安全管理方面总结出来的宝贵知识和丰富经验向全球企业推广，其推广对象包括波音公司、美国国家航空航天局、通用汽车及中国白云机场等。据统计，所有接受了杜邦安全管理咨询的企业，在随后 5 年内的工伤事故率降低到惊人的程度，平均降幅接近 80%，这一成就无疑是对杜邦安全管理理念与实践成效的最佳诠释。

进入 21 世纪，杜邦公司再次引领潮流，将安全与可持续发展相结合，创新性地成立了可持续解决方案事业部。2019 年，这个部门从杜邦公司分拆出来，成为一家独立运营的管理咨询公司。这个新公司旨在为全球企业提供综合的运营管理咨询解决方案，帮助企业打造更安全、更高效的工作场所。

　　未来，杜邦公司将持续完善并创新其安全管理体系，不断探索更加高效、智能的安全管理解决方案，为人类的安全事业贡献更多的智慧和力量。

第三节　杜邦：坚持自觉承担环保责任

　　在当今这个快速发展的时代，环境问题已成为全球面临的重大挑战之一。随着工业化进程的加速，环境污染、生态破坏和资源枯竭等问题日益严峻，对人类社会的可持续发展构成了严重威胁。在此背景下，众多企业开始重新审视自身的责任与使命，积极投身于环境保护事业中，而杜邦公司无疑是其中的佼佼者。作为一家拥有200多年历史的全球知名企业，杜邦始终坚持"安全与健康、保护环境、最高的职业道德、尊重他人和平等待人"的价值观，坚持自觉承担环保责任，为构建绿色、可持续的社会贡献着自己的力量。

一、历史传承：环保理念由来已久

杜邦是较早具有环保意识并付诸行动的企业，其环保意识的萌芽可追溯到 1881 年。那一年，拉蒙·杜邦在制造硝酸甘油产品的过程中发现产生的副产品有毒，于是就开始对废液的再循环利用方法进行研究探索。

早在 1938 年，杜邦就率先做出表率，发表了具有划时代意义的环保责任宣言。这一举措不仅彰显了杜邦公司对环境保护的承诺，还预示了未来可持续发展的方向。与此同时，杜邦开创性地任命了业界第一位全职污染防治工程师。1946 年，杜邦成立第一个环境小组——空气与水资源委员会。值得注意的是，这些行动的发生时间远早于美国 20 世纪 60 年代广泛兴起的环保思潮，整整领先了几十年之久。

接下来的数十年间，杜邦公司不断提高环保方面的要求，将最初只追求合规就好，主动提升到减量减排的更高要求，它因此成为工业企业主动履行环保义务的典范。杜邦不仅关注废弃物的处置、能源和水资源的节约利用及碳排放的严格控制，还将环保理念深深根植于企业的成本控制、效益提升及投资优化等核心指标体系之中，对整条供应链进行监测和优化，实现企业经济效益与环境保护的双赢。

1984 年印度博帕尔的毒气泄漏，1986 年苏联切尔诺贝利核电站事故，1989 年阿拉斯加海峡原油泄漏的惨剧，如同一记记重锤，震撼了世界，向全球企业敲响了环保的警钟。这些血和泪的教训迫使所有企业不得不正视自身活动对环境的深远影响，深刻反思并加速转向更加绿色、可持续的发展道路。

在这样的背景下，杜邦新上任的 CEO 伍立德在 1989 年 5 月的美国商会上发表了一篇工业与环境方面的主题演讲。伍立德在大会上表示，杜邦公司将采取前所未有的行动，坚决致力于削减危险废弃物排放量，并设定了雄心勃勃的目标：至 1990 年，实现废弃物排放量大幅缩减 35%；到 2000 年，誓将这一数字降至惊人的 70%。

伍立德进一步强调，杜邦公司非但不会仅仅满足于对环保主义呼吁的被动回应，或是简单遵循各国政府的环境法规，反而会主动、积极寻找解决环保难题的方案。在塑料生产中，杜邦将全面禁用含有毒重金属的颜料。杜邦公司开创性地提出，将在全世界属于杜邦公司使用的土地上建立自然保护区，并积极邀请当地社区代表参与，共同规划并实施一系列旨在促进公众健康与环境保护的合作项目。

在杜邦公司内部，面对伍立德这个雄心勃勃的环保倡议，初期大家不乏质疑之声，认为其难以实现。然而，伍立德以他非凡的信心与远见，坚信凭借杜邦公司卓越的能力以及员工们的出色表现，定能探索出解决环保难题的创新路径。他果断决策，命令安全卫生环保部门选取环保表现最差的一家工厂作为试点，设定了一年内必须达到严格环保标准的挑战性目标，并明言如果不能达标，该工厂将面临关闭的严峻后果。

这一大胆举措不仅激发了团队的危机意识与潜能，还促使全员上下一心，共克时艰。一年后，令人瞩目的成果展现在世人面前：该试点工厂的废弃物排放量减少了 2/3，生产效率与产能也显著提升，同时还意外节约了数百万美元的成本。这一翻天覆地的变化，不仅验证了伍立德先生的远见卓识，还为杜邦公司后续的环保工作树立了典范，激发了全公司乃至整个行业对于环保革新的热情与信心。

通过这一系列大胆而务实的行动，杜邦公司不仅在全球范围内率先公开承诺并努力实现其环境改善目标，而且以实际行动引领了整个工业界向更加绿色、可持续的未来迈进，成为企业社会责任与环境保护融合的先驱与典范。

二、技术创新：引领绿色转型

技术创新是杜邦推动环保事业发展的核心动力。面对全球气候变化和资源短缺的挑战，杜邦不断加大研发投入，致力于开发更加环保、高效的产品和解决方案。

20世纪30年代初，氯氟烃类制冷剂成为主流制冷剂，杜邦公司的氟利昂制冷剂引领行业潮流。到了70年代初，有科学家发现氯氟烃的使用可能会导致臭氧层变薄，得知这个消息后，杜邦公司开始积极寻找替代品。虽然当时杜邦公司氟利昂的市场占有率为25%，利润很是可观，但涉及环境问题，杜邦公司并没有因为利益而选择视而不见。

为了尽快找到合适的替代品，杜邦公司联合全球范围内的科学家、环保团体和多国政府，达成了包括《蒙特利尔破坏臭氧层物质管制议定书》在内的多项国际协议。

1988年，当得知氯氟烃确实会对臭氧层产生破坏后，杜邦公司展现出了惊人的决断力与行动力。在获悉这一消息的短短72小时之内，杜邦公司就宣布将逐步淘汰使用氟利昂。两年后，杜邦公司成功研发并推出了不会破坏臭氧层的新产品——舒瓦，首个环境友好型制冷剂。舒瓦的问世不仅有效缓解了氯氟烃对臭氧层的威胁，还为全球制冷行业的可持续发展树立了新的标杆，展现了杜邦作为行业领袖在环境保护方面的坚定承诺与卓越贡献。

1996 年，杜邦公司跟生物科技公司合作，成功培育出一种经过基因工程精心改造的新型大肠杆菌。这种新型大肠杆菌可以从玉米糖等碳水化合物中分解出 1,3-丙二醇（1,3-PDO），从而颠覆了传统聚酯生产高度依赖石油资源的模式，为化工行业开辟了一条绿色发展的新道路。

不仅如此，杜邦公司还持续深耕生物材料领域，研发出一系列生物基、可降解的塑料产品。这些产品不仅性能优异，还在减少塑料污染、保护生态环境方面展现出巨大潜力，为全球应对塑料危机提供了创新解决方案。

杜邦公司还积极提倡并推动循环经济模式，通过回收再利用废旧产品实现资源的最大化利用，减少废弃物排放。

2002 年，杜邦公司与登海种业合资成立了山东登海先锋种业有限公司。在规划工厂烘干工艺时，设计团队经过评估毅然放弃了过去依赖天然气的能源方案，转而携手清华大学，共同探索并创新出一种循环流化床技术。这一创举巧妙地将玉米脱粒后的废弃物玉米芯转化为烘干过程中的主要燃料，实现了废弃物向宝贵能源的华丽转身。采用此项技术后，整个季度只产生两个小推车的灰烬。此外，几乎无须外界燃料补充，并且全程不会产生额外的排放，真正实现了低碳环保与高效生产的和谐统一。

杜邦公司始终致力于推广此类既能创造经济价值又能保护环境的先进

技术。以杜邦公司郑州工厂为例，直接将废水处理池产生的废气进行回收，并创造性地将这些废气引入锅炉循环系统进行再利用，实现了废气的资源化循环利用。这一举措不仅大幅减少了有害气体的排放量，还每年节省了相当于 100 万立方米天然气使用量的能源开支，为节能减排、促进绿色可持续发展树立了典范。

杜邦公司致力于运用前沿科技，精准破解生产过程中的污染难题，引领全球工业界迈向绿色转型的新纪元。该公司深谙可持续发展的重要性，不断研发并应用环保技术，从源头上减少污染物的产生，同时优化生产流程，提升资源利用效率，实现经济效益与环境保护的双赢。

三、可持续发展：共创绿色未来

可持续发展是杜邦公司战略中不可或缺的一部分。2019 年 10 月，杜邦公司以联合国发布的可持续发展目标（SDGs）为宏伟蓝图，郑重发布了杜邦 2030 可持续发展目标，该目标全面概述了公司未来 10 年间，在产品创新、运营和员工等可持续发展议题上的理念与行动，为杜邦未来 10 年的发展与运营指明了一条清晰的道路。

杜邦 2030 可持续发展目标一共列出了 9 项目标，这 9 项目标可分为以下三类：

1. 提供可持续的创新，助力客户和世界繁荣发展

杜邦公司在其最新发布的《2024 年可持续发展报告》中自豪地宣布，

其创新产品组合中超过 80% 的成果可带来可持续发展价值，彰显了公司在推动全球繁荣与绿色发展方面的坚定承诺。过去一年，即 2023 年，杜邦公司更是硕果累累，不仅在科技前沿屡获殊荣，赢得了备受瞩目的全球百大科技研发奖（R&D 100）中的 7 个奖项及爱迪生奖，彰显了在科研创新领域的卓越实力，还凭借卓越的环境、社会和公司治理（ESG）实践，荣获三星电子授予的"最佳 ESG 合作伙伴"称号，进一步巩固了在行业内的领导地位。

尤为值得一提的是，杜邦公司在产品设计上实现了重大飞跃，成功对 25 项产品进行了革新性设计，不仅有效规避或彻底摒弃了特定关注物质（SoC）的使用，还顺利将这些环保新品推向市场，成功实现商业化。这一系列成就，既是杜邦公司对客户需求的精准把握与积极响应，又是其致力于通过可持续创新，携手全球伙伴共同促进世界繁荣与可持续发展的生动写照。

2. 在整个运营过程中，强化公司的可持续性形象

在《2024 年可持续发展报告》中，杜邦公司宣告了一项里程碑式的成就：其温室气体排放量已显著下降，不仅提前并超额完成了既定的 2030 年减排目标，还以卓越的表现超越了《巴黎协定》所设定的 1.5℃ 温控目标的预期。

杜邦公司积极践行社会责任，通过参与水资源公平基金（Water Equity Fund IV）这一集体影响力投资项目，展现出对全球水资源安全与卫生设施普及的深切关怀。杜邦公司预见到，在未来的 7 年内，这一举措将惠及超

过 500 万人口，为他们带来宝贵的水资源供应与卫生设施改善。

此外，杜邦公司全球超过 80% 的工厂实现了零工伤，这一辉煌成就标志着杜邦在安全生产管理上的卓越能力，以及对于每一位员工与合作伙伴生命安全的高度重视。

3. 采取行动，确保人类和社群的包容性、幸福感和健康

杜邦公司荣耀地登上了《福布斯》杂志 2023 年度"多元化最佳雇主"与"女性最佳雇主"的杰出榜单，这一成就彰显了公司在促进职场多样性、性别平等方面的卓越努力与显著成效。同时，杜邦公司还被 Disability：IN（一个非营利机构，主要关注并推动残障人士的就业和平等机会）评为"2023 年度残障人士包容度最佳工作场所"。这些荣誉不仅是对公司无障碍工作环境建设的高度认可，还是对杜邦致力于构建全包容性企业文化、确保每位员工都能享有平等机会与尊重的坚定承诺的生动诠释。

杜邦公司不仅着眼于自身的成长轨迹，而且将目光投向了全球可持续发展的广阔图景，其愿景高远而纯粹——通过不懈的创新，激发无限潜能，携手全球伙伴共同推动世界的繁荣与可持续发展，共创绿色未来。

第六章　培养了连任三届美国财政部部长的梅隆家族

梅隆家族是美国历史上极具影响力和财富的犹太家族之一，其起源可以追溯到托马斯·梅隆。这位富有远见的企业家于 1813 年在北爱尔兰出生，并于 1818 年随家人移民至美国宾夕法尼亚州。通过一系列法律业务，他逐渐积累了财富，最终在 1869 年创立了托马斯·梅隆父子银行，这一举措奠定了梅隆家族在金融界的坚实基础。

安德鲁·梅隆不仅继承了家族的事业，而且将其发展壮大。在他的领导下，托马斯·梅隆父子银行成功转型为梅隆国民银行，业务拓展至矿业、石油等多个领域。他的睿智投资和果敢决策使得梅隆家族成为卡内基钢铁公司的坚实后盾，同时也让家族在冶金行业占据了一席之地。值得一提的是，安德鲁·梅隆还曾担任美国财政部部长，并连任三届，他的政策改革对当时美国的经济环境产生了重要影响。

除了商业方面的成就，梅隆家族还热衷于慈善事业。他们创立的大学及艺术馆等机构，为教育、艺术等领域提供了源源不断的支持。

第一节　梅隆家族的财富起源与传承

　　托马斯·梅隆于 1813 年出生于北爱尔兰的一个小村庄，虽然家境并不富裕，但他的求知欲望却异常强烈。1818 年，为了寻求更好的生活机会，梅隆一家决定移民到美国。他们选择了正在迅速发展的工业城市——宾夕法尼亚州的匹兹堡，准备建立新的家园。

　　在匹兹堡，虽然生活艰辛，但这个工人阶级社区为托马斯提供了接触多元文化和思想的机会。这些经历不仅拓宽了他的视野，而且对他日后的成长产生了深远影响。他逐渐意识到，通过不懈的努力，他能够在这个新国家找到属于自己的位置。

　　托马斯在当地学校完成基础教育后，决定进一步深造。他选择了西部大学（现匹兹堡大学）的法律专业，希望通过专业的法律知识来服务于他正在努力适应和融入的新社会。在大学期间，他刻苦学习，凭借着非凡的毅力和才智，顺利毕业并成长为一名合格的律师。

毕业后，托马斯在匹兹堡的一家知名律师事务所找到了工作，还成了阿勒格尼县首席书记官的书记员。不久后，他开设了自己的律师事务所，主要专注于处理民事案件。在此期间，他处理了大量与财产和合同相关的案件，积累了丰富的法律经验和知识。他凭借自己的出色表现和专业能力，很快在法律界赢得了声誉，并吸引了众多商业客户。通过处理一些高额诉讼和商业交易案件，托马斯攒下了他的第一桶金。他不仅专注于律师业务，还利用职业之便，涉足房地产和金融领域。

一、从知名律师到金融大亨

19 世纪中叶，匹兹堡这座工业之城正处于蓬勃发展的黄金时期。随着城市的急剧扩张和外来人口的不断涌入，房地产市场呈现出了前所未有的投资潜力。托马斯凭借敏锐的商业嗅觉迅速捕捉到了这一历史性机遇，毅然决定将手中的部分积蓄投入这片热土。他精心挑选了一些位于城市核心地带和未来发展重点区域的土地与物业，这些宝贵资产在城市化浪潮的推动下迅速实现了价值飙升。

托马斯高瞻远瞩，专注于在高增长区域进行早期布局。通过对城市长远规划的深入剖析和对市场脉搏的精准把握，他成功锁定了匹兹堡内几个前景广阔的地段，并果断出手投资。

除了直接的土地购置，托马斯还积极参与了多个房地产开发项目，涉足商业和住宅两大领域。这些精心策划的项目不仅为他带来了稳定的租金收益，还使他所持有的资产价值水涨船高。

在托马斯的房地产投资生涯中，不乏令人瞩目的成功案例。例如，他曾慧眼识珠，在匹兹堡市中心购得一块后来成为商业枢纽的宝地，其投资回报高达本金的数倍。然而，商场如战场，有胜亦有败。在某些项目中，托马斯也遭遇了不小的挫折，如资金周转的困境和市场行情的波动等。但正是有了这些宝贵的经历，他在实践中不断磨砺自己，学会了如何更加精准地评估投资风险并制定有效的管理策略。

托马斯之所以能够在商海中脱颖而出，不仅因为他有卓越的商业天赋，还因为他保持着永不满足的学习态度和对市场变化的敏锐洞察力。正是他在房地产市场的成功布局，为梅隆家族积累了雄厚的资本，也为日后打造多元化商业帝国奠定了坚实的基础。

随着资产的逐步增加，托马斯认识到需要一个更稳固的金融平台来管理和扩大他的资产。于是，在深思熟虑之后，他决定从律师界退休，转而投身银行业。

1870 年，托马斯与儿子安德鲁和理查德共同创立了托马斯·梅隆父子银行，开启了新的事业篇章。这家银行的创立不仅为他的资产管理提供了更专业的平台，而且标志着他的商业版图得以进一步扩展。托马斯期望通过银行这一载体，将自己的财富管理经验和商业洞察力应用到更广阔的金融市场中。

托马斯·梅隆父子银行自成立之初，就处于激烈的市场竞争之中。然而，托马斯凭借其在法律和房地产领域所积累的深厚人脉与良好声誉，很快就吸引了一批高质量的客户。银行提供的灵活贷款政策及安全的存款利率，进一步巩固了客户对银行的信赖与支持。

然而，商业之路怎会始终一帆风顺？1873年"经济大恐慌"期间，经济大萧条席卷而来，匹兹堡的银行业遭受重创。在这一艰难时期，托马斯几乎失去了自己的所有财产，但他凭借着坚韧不拔的意志和精明的商业头脑成功挺过了这场危机。当经济再次复苏时，他凭借之前的投资布局，尤其是持有匹兹堡市中心的房地产和煤田，以及1871年向亨利·克莱·弗里克借出的1万美元（这笔钱后来为安德鲁·卡内基的钢铁厂提供了焦炭），获得了巨大的成功。

通过这次经历，托马斯深刻认识到银行业务的核心要义在于精准的风险控制以及与客户之间建立稳固的关系。因此，他在银行运营过程中实施了一系列严密的风险管控措施，并且始终与客户保持着紧密的沟通与联系，从而确保了银行业务的稳健运营与持续发展。

在成功创立并稳健运营托马斯·梅隆父子银行之后，托马斯并未止步于此。他深知，为了确保家族财富的持续增值与稳固，多元化投资势在必行。于是，他将目光从银行和房地产领域延伸开来，投向了当时蓬勃发展的工业领域，如钢铁、煤炭和铁路等。

1877年，他受邀为利格尼尔山谷铁路提供资金支持。这一举措不仅拓展了当地的交通运输网络，还提升了家族企业的物流效率和市场竞争力。随后，他于1878年在宾夕法尼亚州利格尼尔以西的铁路周边购置了土地，并开设了野餐公园Idlewild（艾德维尔野餐公园），这一项目进一步丰富了他的投资组合。

随着时间的推移，托马斯逐渐将银行的管理权交给了年轻一代。1882

年 1 月 5 日，他正式退出银行的日常管理，将这一重任交给了年仅 26 岁的儿子安德鲁。在安德鲁和理查德兄弟的共同努力下，托马斯·梅隆父子银行在 19 世纪末已发展成为纽约以外美国最大的银行机构，这无疑是对托马斯投资策略和家族传承的最好印证。

1908 年 2 月 3 日，杰出的商业巨擘托马斯·梅隆在他 95 岁生日的当天于家中溘然长逝。他离世以后，他的子孙后代继续秉承他的投资理念，将梅隆家族的商业帝国推向新的高度。

二、多元化发展的梅隆家族

在 19 世纪末至 20 世纪初的美国，工业化浪潮席卷全国，梅隆家族凭借其深厚的银行业基础、广泛的房地产投资及多元化的投资策略，成为这一历史性进程的核心参与者。他们不仅为匹兹堡的经济发展注入了强劲动力，还对全国范围内的工业化进程产生了深刻的影响。

在梅隆家族的投资版图中，钢铁行业占据着举足轻重的地位。通过灵活的银行贷款和精准的直接投资，他们大力支持了卡内基钢铁公司（**后并入美国钢铁公司**），使其迅猛扩展。钢铁作为当时的基础性工业原料，其重要性不言而喻。它不仅推动了铁路建设的飞速发展，还为建筑业等多个行业提供了坚实的支撑，从而为美国的现代化进程奠定了坚实的基础。

然而，梅隆家族的视野并不仅局限于此。他们的金融投资广泛延伸至煤炭、石油等能源领域，为这些关键行业的蓬勃发展提供了不可或缺的资金助力。例如，梅隆家族在早期便果断参与了联合煤炭公司（Consolidation

Coal Company）的投资，而这家公司日后成为跻身美国煤炭行业的佼佼者。此外，他们在石油领域的投资同样硕果累累，其中对德士古石油公司的早期扶持便是明证。

值得一提的是，梅隆家族在商业领域的成功离不开他们与众多杰出企业家和工业家的紧密合作。安德鲁·卡内基、约翰·D.洛克菲勒等业界翘楚均与梅隆家族建立了深厚的合作关系。这些强强联手的合作，不仅进一步巩固了梅隆家族的经济地位，还使他们在美国轰轰烈烈的工业化进程中稳稳占据了一席之地。

梅隆家族不仅在商业领域展现了卓越的管理和投资能力，而且在应对经济危机方面表现出非凡的才能。1907 年的"经济大恐慌"席卷全球，托马斯及其创立的银行凭借稳健的金融策略成功地避免了重大损失。随后，1929 年"大萧条"来袭，梅隆家族的企业虽然也面临了不小的压力，但他们凭借着多元化的投资组合以及严格的风险管理体系，再次平稳渡过了难关。尽管部分资产受到了一定影响，但梅隆家族的整体财务状况依然保持稳健，这也为他们在"大萧条"过后的快速复苏打下了坚实的基础。

进入 21 世纪，梅隆家族继续在更多领域扩张其影响力。他们深知财富应与社会责任并存，因此，在积累财富的同时，他们也积极投身于慈善事业，致力于推动教育、艺术和公共事务的发展。

展望未来，随着经济的全球化和科技的进步，家族企业需要不断创新和调整，以应对新的挑战和抓住新的机遇。未来的梅隆家族可能会在高科技、绿色能源等领域进行更多的探索和投资，以保持其竞争力和影响力。

第二节　将梅隆家族推向鼎盛的安德鲁·梅隆

安德鲁·梅隆于 1855 年 3 月 24 日出生在宾夕法尼亚州的匹兹堡，是托马斯·梅隆和莎拉·简·内格利的第 6 个孩子。彼时的梅隆家族在匹兹堡的社会地位已经较高，家庭充满了学术和商业氛围，这为安德鲁的成长提供了得天独厚的条件。

托马斯注重培养孩子们的独立思考能力和责任感，他认为教育不能只重视书本知识，更要重视培养实用的商业技能和判断力。在这种家庭氛围中，安德鲁从小就接触到了大量关于法律、金融和商业管理的知识，这为他日后的成功奠定了基础。

一、商界精英的崛起之路

安德鲁在匹兹堡中央高中接受了他的早期教育。他在学业上表现出色，特别是在数学和科学方面展现出了卓越的天赋。高中毕业后，安德鲁继续在西部大学深造，攻读文学和哲学课程。在大学期间，他就对金融市场表现出了浓厚的兴趣，虽然他在课业方面的表现不是特别突出，但他通过广泛的阅读逐渐形成了自己独特的商业见解。

父亲投身于商业活动，安德鲁从小耳濡目染，对银行业和投资早就有了初步的了解。在父亲的指导下，安德鲁小小年纪就学会了如何分析财务报表、评估投资风险和做出明智的商业决策。

安德鲁的商业生涯始于家族银行。虽然身为家族的一员，但他也是从基层工作干起，并没有因为家庭出身而获得特殊待遇。他初期的工作包括处理日常的银行事务、审查贷款申请、维护客户关系等。通过这些基本业务，他对银行的运营机制和金融市场的动态逐渐了然于胸。

在全面掌握银行业务之后，安德鲁于 1876 年被授权指导银行的运营。他的第一个重要决策是扩大银行的贷款业务，以支持当地的工业和商业发展。他敏锐地察觉到工业革命带来的巨大商业机会，决定通过增加贷款额度和优化贷款条件吸引更多的企业客户。

安德鲁这一决策取得了显著成效。通过提供灵活的贷款方案和专业的金融咨询服务，托马斯·梅隆父子银行迅速吸引了大量优质客户，业务规模和利润大幅增长。这一成功不仅巩固了其家族银行在当地的市场地位，而且为安德鲁在家族企业中赢得了更大的发言权。

19 世纪 80 年代，安德鲁积极拓展家族银行业务，并逐步向多个新兴行业进军。他与亨利·克莱·弗里克携手，掌控了匹兹堡国民商业银行，而这家享有印钞权的国家银行成为他扩展金融版图和影响匹兹堡经济发展的重要平台。

随后，安德鲁通过收购或协助创立多家金融机构，如联合保险公司、城市存款银行、忠诚产权信托公司和联合信托公司等，不仅巩固了梅隆家族在金融界的地位，而且为后续产业投资提供了坚实的资金支持。

这一时期，安德鲁凭借敏锐的洞察力发现了工业发展的巨大潜力，开始涉足工业领域。他担任匹兹堡石油交易所董事，联合匹兹堡石油交易所创立了两家天然气公司。19 世纪 80 年代末，这两家天然气公司已联手控制了约 1.4 万公顷的天然气土地，为梅隆家族在能源领域占据了一席之地。

1902 年，安德鲁将托马斯·梅隆父子银行重组为梅隆国民银行，这是一家联邦特许的国民银行。安德鲁、理查德·梅隆和弗里克起草了一项新的商业安排，共同控制联合信托公司，而联合信托公司又控制着梅隆国民银行。他们还建立了联合储蓄银行，接受邮寄存款。20 世纪初，梅隆国民银行的发展势头犹如野火燃烧一般蓬勃。

梅隆金融帝国的成功和多样化的投资使安德鲁成为 20 世纪头 10 年"宾夕法尼亚州西部经济生活和进步中最重要的个人"。尽管安德鲁的一些投资在 1907 年后经历了持续的下滑期，但复苏也很快速。

到 1913 年年底，梅隆国民银行的存款金额比匹兹堡的任何其他银行都多，而存款额排名第二的农民存款国民银行由梅隆的联合信托公司控制。1914 年，安德鲁深度参与了第一次世界大战的融资，联合信托公司和其他梅隆机构向英国和法国提供了数百万美元的贷款，安德鲁本人也投资了自由债券。

通过这一系列的战略投资和业务扩展，安德鲁不仅将家族企业推向了鼎盛，而且为美国工业和金融的发展做出了重要贡献。他继承了父亲托马斯的商业智慧，并在此基础上充分展示了自己的商业才华，为梅隆家族的辉煌事业添上了浓墨重彩的一笔。

二、涉足政坛，连任美国财政部部长

安德鲁进入政坛并非一时心血来潮，而是出于多方面的深思熟虑。作为一名成功的企业家和银行家，他深刻理解经济政策对商业环境和社会发展的重要性。安德鲁希望通过参与政府决策推动有利于经济发展的政策，从而进一步巩固和扩大家族企业的利益。当然，梅隆家族在当地的社会地位和影响力，也为他提供了进入政坛的基础和动力。

在 1920 年的共和党全国大会上，安德鲁以宾夕法尼亚州州长威廉·卡梅隆·斯普劳尔支持者的身份出席。他原本期望参议员菲兰德·诺克斯能够获得提名，但最终大会选择了来自俄亥俄州的参议员沃伦·G.哈定作为共和党的总统候选人。安德鲁是共和党保守纲领的坚定支持者，并在随后的总统竞选活动中担任了哈定的主要筹款人。

哈定在 1920 年的总统大选中获胜后，开始考虑财政部部长的人选。尽管安德鲁在银行界之外的名声并不响亮，但他被提名为财政部部长却得到了众多银行家以及宾夕法尼亚州共和党领袖（如诺克斯、参议员博伊斯·彭罗斯和州长斯普劳尔等人）的支持。

1921 年 2 月，安德鲁接受了沃伦·G.哈定总统的任命，出任财政部部长。在任职期间，安德鲁推行了一系列重大的财政政策，并且这些政策对当时的美国经济产生了深远而广泛的影响。

1. 税收改革。安德鲁认为，高税率会抑制经济增长和投资活力。因此，他大力推动税收改革，主张降低个人所得税和企业税，以刺激经济发展和增加投资。他在 1921 年至 1926 年期间成功推动了一系列减税法案，使最高个人所得税率从 73% 降至 25%，公司税率也大幅下降。这些改革有效地促进了经济的复苏和增长。

2. 债务管理。安德鲁还实施了严格的财政管理举措，努力减少政府债务和财政赤字。他通过削减公共开支、提高政府效率及发行长期低息债券，成功降低了政府的债务负担。这些措施不仅增强了政府的财政稳定性，而且提升了市场对美国经济的信心。

3. 经济自由化。安德鲁主张减少政府对经济的干预，鼓励发挥自由市场机制的作用。他推行了一系列经济自由化政策，放宽对商业和金融市场的监管，促进了商业活动的自由和竞争。这些政策为美国经济带来了活力和创新，推动了经济的快速发展。

4. 国际经济政策。在国际经济领域，安德鲁致力于推动自由贸易和国际合作。他积极参与国际经济事务，支持国际经济组织的建立和发展，并推动美国与其他国家的贸易合作。这些政策不仅提升了美国在国际经济中的地位，还促进了全球经济的稳定和发展。

1929 年 10 月，纽约证券交易所经历了前所未有的大崩盘，然而，安德鲁对于那些在这场灾难中损失惨重的投机者并未表现出任何同情。他坚持自己的经济哲学，反对政府干预市场运行，甚至提出了"清算劳动力、清算股票、清算农民、清算房地产"的观点，希望通过市场的自我净化来剔除体系中的不良因素。但随着经济衰退的持续深入，安德鲁的这种立场受到了广泛的质疑与批评，他的公众支持率也随之大幅下滑。

面对愈演愈烈的经济危机，安德鲁与他的副手奥格登·米尔斯共同呼吁恢复到1924年的税率水平，并提议对汽车、汽油等商品征收新税。然而，这些措施未能有效缓解经济危机带来的压力。1932年年初，得克萨斯州众议员赖特·帕特曼对安德鲁提起了弹劾，指控其违反了多项联邦法律。为了避免进一步的政治风波，时任总统胡佛决定将安德鲁从财政部部长的职位上调离，任命他为驻英国大使。

在1932年就任驻英国大使后，安德鲁继续在国际舞台上发挥其影响力。他亲眼见证了国际经济秩序的动荡与崩溃，并成功说服英国政府允许海湾石油公司在科威特开展业务，为美国的石油产业开拓了新的国际市场。然而，随着胡佛总统任期的结束，安德鲁也结束了他的政治生涯。

尽管在大萧条期间表现不佳，但安德鲁在财政部部长任期内的总体贡献仍然是不可忽视的。他通过一系列财政改革和经济政策推动了美国经济的长期发展，奠定了现代财政管理的基础。他的政策理念和实践，为后来的经济政策制定者提供了重要的参考和借鉴。

三、热心慈善，承担社会责任

安德鲁在1933年辞去驻英大使后回到匹兹堡，继续参与家族企业的管理。他将更多的时间和精力投入教育与文化项目的资助上，他深信财富不仅是个人成就的象征，还是服务社会、造福人类的工具。

卡内基梅隆大学的创立是安德鲁最重要的慈善事业之一。这所大学由安德鲁·卡内基和安德鲁·梅隆共同创办，旨在提供世界一流的教育和研究机会。安德鲁不仅为大学的创立提供了大量资金，还通过捐赠图书馆、实验室和奖学金，支持学校的发展和学生的学习。卡内基梅隆大学如今已成为全球知名的研究型大学，在计算机科学、工程、商业和艺术等领域的卓越表现离不开梅隆家族的持续支持。

安德鲁·梅隆也是美国国家艺术馆（National Gallery of Art）的主要创办人之一。他通过捐赠大量珍贵的艺术品和资金推动了这座艺术馆的建立和发展。安德鲁捐赠的艺术品包括众多欧美艺术大师的杰作。这些收藏不仅提升了艺术馆的国际声誉，而且为公众提供了丰富的艺术欣赏和学习资源。

除了卡内基梅隆大学和国家艺术馆，安德鲁还资助了许多其他教育和文化项目，为提升社会的文化水平和艺术修养做出了重要贡献。他为匹兹堡大学、耶鲁大学等多所高等学府捐赠了大量资金，用于建设图书馆、研究中心和设立奖学金。此外，他还支持了多个文化机构和公共艺术项目，如匹兹堡交响乐团和卡内基博物馆。

安德鲁通过广泛支持慈善事业对教育和艺术领域产生了深远的影响。

他的捐赠不仅为众多教育机构提供了有力的资金支持，而且推动了科学研究和技术创新的发展。通过设立奖学金和资助研究项目，安德鲁帮助了无数有才华的学生和学者，实现了他们的学术梦想。

尽管在"大萧条"期间经历了政治和经济上的巨大挑战，安德鲁依然保持着积极乐观的心态。他在晚年撰写了多篇关于经济和财政政策的文章，分享自己的见解和经验。在他的领导下，梅隆家族不仅在财富和商业成就上达到新的高度，还通过广泛的慈善活动树立了具有高度社会责任感的家族形象。

第三节　梅隆家族的经营之道

梅隆家族作为美国历史上最具影响力的家族之一，他们的成功不仅体现在财富的积累上，还体现在其卓越的经营之道上。在梅隆家族的经营理念中，始终贯穿着一个核心原则，那就是"不将鸡蛋放在一个篮子里"。通过在多个高增长潜力的行业中进行战略性投资，梅隆家族确保了家族财富的稳定增长和长期繁荣。

一、不将鸡蛋放在一个篮子里

梅隆家族的经营理念强调多元化投资，以应对市场的波动和风险。托马斯作为家族的奠基人，早在19世纪中期就展现了出色的投资眼光和商业智慧。他通过在法律事业和房地产市场中的成功积累了原始财富，并将这些财富用于进一步的投资。托马斯在创立梅隆父子银行后，逐步将家族的业务扩展到更多领域，为后代奠定了坚实的基础。

安德鲁继承并发扬了这一经营理念，在识别市场机会和风险方面展示了非凡的洞察力。他始终关注市场趋势和行业前景，通过详细分析市场供需关系、竞争格局和政策环境，确定最具潜力的投资领域。其前瞻性视野，不仅使梅隆家族能够及时抓住发展机遇，而且避免了单一产业波动带来的巨大风险。

在钢铁行业，梅隆家族通过控制匹兹堡国民商业银行为卡内基钢铁公司提供了大量贷款和金融支持，这不仅帮助卡内基钢铁公司迅速崛起，还使梅隆家族在钢铁行业中占据了重要地位。钢铁作为当时工业化的核心产业，其稳定增长为梅隆家族带来了持续的经济收益。

石油行业同样是梅隆家族投资的重点。通过建立和控制新月石油公司（Crescent Oil Company）、新月管道公司（Crescent Pipeline Company）和熊溪（Bear Creek）炼油厂，梅隆家族实现了从石油开采到精炼和运输的垂直整合。尽管在 1895 年因经济形势艰难将石油权益出售给标准石油公司，但梅隆家族在石油行业的早期布局和战略性退出，依然为他们带来了可观的回报。

在铝业方面，梅隆家族的投资更是堪称经典。1889 年，安德鲁向美国铝业公司（Alcoa）的前身匹兹堡还原公司贷款 2.5 万美元，支持这家公司成为首家成功的工业铝生产商。通过在新肯辛顿和尼亚加拉瀑布建立铝厂，梅隆家族在铝业领域取得了巨大的成功，并获得了丰厚的回报。美国铝业公司（Alcoa）后来成为全球领先的铝生产商之一，这一投资不仅提升了梅隆家族的经济实力，而且证明了他们在新兴产业中的眼光和决策能力。

金融始终是梅隆家族的核心业务。通过创建和控制多家金融机构，梅隆家族不仅在金融市场中占据了重要地位，还为其在其他行业的投资提供了强有力的资金支持。1902 年，安德鲁将托马斯·梅隆父子银行重组为梅隆国民银行，通过这次重组拓展了银行的业务规模和提升了市场地位，进一步扩大了他们在金融领域的影响力。

梅隆家族的多元化投资战略充分体现了"不将鸡蛋放在一个篮子里"的理念。这种策略不仅在经济繁荣时期带来了巨大的财富增长，而且在经济低迷时有效分散了风险，确保了家族企业的长期稳定和持续发展。无论是托马斯的奠基，还是安德鲁的扩展和创新，这一理念始终贯穿于梅隆家族的经营之道，成为他们屹立不倒的重要原因。

二、把风险关进笼子里

梅隆家族的成功原因不仅在于他们多元化的投资战略，还在于他们稳健的金融管理和严格的风险控制。通过科学的财务策略和严谨的风险评估，梅隆家族"将风险关进笼子里"，在商业世界中打下了坚实的基础，确保了家族财富的长期稳定增长。

梅隆家族在财务管理上一直秉持审慎和稳健的原则。托马斯在创立梅隆父子银行时，就确立了严格的财务管理制度，确保银行保持高水平的流动性和资本充足率。安德鲁在接管家族企业后，进一步强化了这些财务管理策略。他强调现金流的重要性，确保企业在任何情况下都能维持足够的流动资金。同时，他还注重资本结构的优化，通过合理的债务与权益比例降低财务风险，提升企业的抗风险能力。

梅隆家族深知，成功的投资不仅在于选择正确的项目，还在于有效的风险管理。他们为此还建立了全面的风险评估体系，定期分析和评估投资项目的潜在风险。通过细致的市场调研和数据分析，他们能够及时识别和应对市场变化，调整投资策略，避免重大损失。

正是有了这些准备，梅隆家族在应对经济危机时游刃有余。1907年的"经济大恐慌"是梅隆家族面临的一次重大考验。托马斯和安德鲁通过迅速调整银行业务，保持高水平的流动性和稳健的贷款政策，成功度过了这次危机。1929年的"经济大萧条"对全球经济造成了严重影响，梅隆家族的企业也未能幸免。然而，安德鲁通过一系列果断的措施成功应对了这次危机。

总的来说，梅隆家族的金融稳健与风险管理策略，确保了他们在复杂多变的市场环境中始终保持领先地位。通过科学的财务管理和严谨的风险控制，他们不仅实现了家族财富的持续增长，而且为其他企业树立了榜样。无论是经济繁荣还是经济危机，他们都能从容应对，展现出卓越的管理智慧和坚定的信念。

三、基业长青的秘密——重视家族传承

在全球范围内，许多企业家都面临一个共同的难题：如何确保接班人能够延续前代的辉煌。许多著名的家族企业在创始人去世后，由于接班人

缺乏经验或治理结构不完善，企业会迅速走向衰落。国内的许多家族企业也面临同样的问题，二代接班人往往难以继续前代的成功。然而，梅隆家族通过系统的接班人培养和科学的治理结构，成功实现了家族企业的代际传承和持续繁荣。

从托马斯开始，梅隆家族就非常重视教育和个人发展。为了让孩子接受更有价值的教育，托马斯自己兴办了一所学校，为家族成员提供优质的教育资源。在孩子成年后，梅隆家族还通过实际的商业训练让每一代成员都能早早接触到家族企业的运营和管理。通过这种理论与实践相结合的培养方式，家族成员不仅具备扎实的知识基础，还能在实际操作中积累宝贵的经验。

相比之下，国内一些二代接班人由于缺乏系统的培养和实际的商业经验，往往无法延续前代的辉煌。许多家族企业创始人在创业初期通过艰苦奋斗积累了财富和经验，但由于缺乏对下一代的系统培养，这些财富和经验未能有效传承，所以二代接班人接手后难以维持企业的发展。

梅隆家族在治理结构和管理机制方面也进行了科学设计，确保家族企业的稳定运营和可持续发展。梅隆家族不仅重视家族成员的培养，还引入了职业经理人制度，通过专业的管理团队来运营企业。运用这种家族与职业经理人相结合的管理模式，梅隆家族企业既保持了家族的价值观和文化，又能通过专业化管理提升企业的竞争力和运营效率。

反观其他一些企业，在创始人去世后，由于缺乏科学的治理结构和有效的管理机制，企业运营陷入混乱，最终导致业绩下滑甚至破产。这些教训反映出家族企业在治理结构和管理机制上的不足是导致二代接班人无法延续前代辉煌的重要原因之一。

代际传承是每个家族企业都会面临的重大挑战。梅隆家族通过一系列策略有效应对了这一挑战，确保家族企业的代际传承和持续发展。

总的来说，梅隆家族的成功不仅源于他们卓越的投资眼光和稳健的财务管理，还源于他们系统的接班人培养和科学的治理结构。梅隆家族在美国商业史上有着重要地位，他们为全球家族企业提供了宝贵的借鉴和启示。

第七章　世界酒店之王——希尔顿家族

　　希尔顿家族是一个以酒店业为主的国际知名家族，其创始人康拉德·希尔顿（Conrad Hilton）通过不懈的努力和卓越的商业智慧，将一个小旅馆发展成为全球连锁酒店帝国。

　　希尔顿家族管理的核心产业是希尔顿酒店集团。该酒店不仅以奢华舒适的住宿体验闻名，还以"微笑服务"为核心理念，赢得了全球旅客的赞誉。

　　在第一代和第二代希尔顿家族成员的努力下，希尔顿酒店集团旗下拥有华尔道夫酒店、康拉德酒店、希尔顿惠庭酒店、希尔顿逸林酒店、希尔顿启缤精选酒店、希尔顿格芮精选酒店等 18 个品牌，在全球 100 多个国家和地区直接管理、特许经营、持有及租赁几千家酒店，拥有 100 多万间客房，成为世界排名第三的酒店集团。

　　可惜希尔顿家族第三代和第四代成员对经营酒店没有兴趣，开始向其他领域发展。希尔顿酒店集团在 2007 年被黑石集团收购后，希尔顿家族成员在集团中的直接影响力也减弱了。现在，希尔顿酒店集团已经通过市场和资本运作成为全球性的酒店集团。

第一节　从穷小子到酒店之王

　　1887 年，康拉德·希尔顿出生在美国新墨西哥州的圣安东尼奥镇一个犹太移民家庭。康拉德的父亲格斯·希尔顿是一位来自挪威的移民，以其坚韧不拔的精神在这片新大陆上扎根，母亲玛莉·劳佛斯威勒是德国富商的女儿。他们一家经营一间五金杂货店，生意兴隆，业务几乎覆盖了半个新墨西哥州。

　　在其他小孩还沉浸于嬉戏之时，康拉德就已经是家里五金杂货店的"打工人"，每月从父亲那里领取 5 美元的"薪水"。繁忙工作的间隙，格斯不仅传授给康拉德精妙的生意经，还在言传身教中激发了他对商业世界无尽的好奇与探索欲。康拉德如同海绵吸水般迅速吸收着这些宝贵的知识，不仅能够迅速领悟其精髓，而且能在实践中灵活运用，展现出超乎年龄的商业智慧。

而母亲玛莉则以独有的方式训练着康拉德的思维能力。她常常以各式各样的问题为钥匙，轻轻开启康拉德心灵深处的好奇心之门，引导他学会独立思考，勇于探索未知。在母亲的循循善诱下，康拉德学会了从不同角度审视问题，培养出了敏锐的观察力和深刻的洞察力，为他日后的商业之路奠定了坚实的思想基础。

一、积累经营旅馆的经验

在格斯·希尔顿的不懈努力与精明管理下，希尔顿家的五金杂货店生意蒸蒸日上。1904 年，格斯将之前购买的煤矿以惊人的 11 万美元价格售出。在那个普通工人日薪仅为 1 美元的时代，这 11 万美元无疑是一笔令人震惊的巨款，大到可以改变一个家族的社会地位，希尔顿一家也因此成为新墨西哥州的新晋富豪之一。

然而，造化弄人，1907 年美国爆发了经济危机，希尔顿家族的财富在一夜之间急剧缩水。家中往昔的辉煌不再，除了一栋位于圣安东尼奥镇面朝繁忙车站的大房子，以及一堆日常用品外，几乎一无所有。面对这突如其来的变故，希尔顿一家没有选择沉沦，而是展现出了惊人的韧性与创造力。

为了渡过难关，他们决定将家里唯一的大房子改造成一家旅馆，重新创业。父亲格斯凭借丰富的商业经验，毅然挑起了经营的重担；母亲与姐姐则化身为厨师；年轻的康拉德与卡尔则负责去圣安东尼奥镇火车站招揽顾客，用他们的热情与真诚努力将每一位想要住店的旅客拉到自己家的旅馆来。

这场看似无奈的转型，却意外地成为康拉德人生轨迹的重大转折点。在旅馆的日常运营中，他积累了很多旅馆管理经验。从此，康拉德·希尔顿的名字开始与酒店紧密相连。

二、买下第一家旅馆

1917 年，随着第一次世界大战的烽火蔓延，康拉德毅然投入战斗之中。然而，战争的硝烟还未完全散去，一个沉重消息却如晴天霹雳般击中了他——父亲在一场车祸中不幸离世。悲痛之余，康拉德迅速做出决定，结束军旅生涯，返回家中料理父亲的后事。

1919 年，处理完父亲的丧事后，康拉德向母亲坦露心声，表达了自己想要去更广阔的世界闯荡一番的愿望。母亲听后非但没有阻拦，反而给予了康拉德无条件的理解与支持。她说，想成就一番事业，就必须去大地方闯荡。

于是，怀揣着对未来的无限憧憬和 5000 美元的积蓄，康拉德踏上了前往得克萨斯州的征途。康拉德将在这片充满机遇与挑战的土地开启一段属于他的传奇般的创业旅程。

康拉德来到接近兰吉油田的锡斯科镇，走进一家名叫莫布利（MOBLEY）的旅馆时，发现这里的生意异常火爆，即便一天 24 小时三班倒也满足不了顾客的住宿需求。经过打听，康拉德得知这位旅馆的老板有意出售旅馆，然后去投资石油生意。商业嗅觉敏锐的他意识到这是一个不可多得的机会，盘点完旅馆的账册后，他马上决定买下这家旅馆。经过一番讨价还价，康拉德和他的一位合伙人最终以 4 万美元买下这家拥有 42 间客房的旅馆，从此开启了酒店大亨的传奇。

买下莫布利旅馆之后，康拉德对其进行了一番改造，将每一个角落都利用起来：将餐厅改成客房，解决了客房不足的问题；将服务台一分为二，一部分还是服务台，另一部分用来销售香烟与报纸；还将大厅一角原来放绿植的地方腾出来，出租给别人开了一个小小的杂货铺。经过改造，账簿上收入增加了不少。

旅馆改造完成后，康拉德又将旅馆全体员工集合起来，告诉他们旅馆的声誉靠他们赢得，只要他们好好工作，他就会给他们加薪，还会给他们发奖金。在康拉德的鼓励下，大家不仅工作效率提高了，服务态度也更好了。

三、建造希尔顿酒店

第一家旅馆的经营走上正轨之后，康拉德又想开第二家了。康拉德找来自己的理想合作伙伴鲍尔斯，说服他去得克萨斯州寻找合适的旅馆。鲍尔斯找到一个名叫"梅尔巴"且拥有 68 个房间的旅馆，经过一番清理和改造后投入使用。三个月，梅尔巴赚到的钱就把保险柜都装满了。

又收购一些二手旅馆之后，康拉德想拥有一家属于自己的崭新的旅馆，也就是说他想自己新建一家旅馆。康拉德计算了一下，新建一家旅馆需要 100 万美元的资金，但他只有 10 万美元，即便跟朋友借钱也还是凑不够，怎么办呢？

康拉德跟劳得米克商量：因为资金不够，只能租他家一块地用于建一座旅馆，可以租99年，不过需要分期付款，劳得米克还保有土地的所有权；如果自己不能按时付款，不仅土地归劳得米克所有，而且自己建的房子也归劳得米克所有。

劳得米克跟自己的律师研究之后，觉得这个条件还可以，反正自己也不吃亏。康拉德同意了，不过提出了一个附加条件，让劳得米克同意他持有以地产抵押贷款的权利。经过协商，最后劳得米克同意了康拉德这个非常"过分"的要求。

1925年，康拉德建造的全新的第一家酒店——达拉斯希尔顿酒店——正式开业。不久，38岁的康拉德就跟玛莉喜结连理。两人在芝加哥度蜜月时，康拉德告诉玛莉，自己有一天一定会在芝加哥建造一座希尔顿大酒店。1926年，康拉德和玛莉的第一个孩子尼克·希尔顿出生。

此后，康拉德又在阿比林、马林、圣安吉诺等地建造希尔顿酒店。他虽然会遇上资金周转不灵的情况，但因为得克萨斯州酒店经营良好，都化险为夷。

1929年，美国再次陷入严重的经济危机，好像所有的商业活动都戛然而止。希尔顿酒店也因客流减少而陷入困境，但康拉德乐观地认为美国肯定能化解这次危机，重新走上正轨。在这个坚定信念的支持下和亲朋好友的帮助下，康拉德挺过了那段艰难的岁月。不幸的是，康拉德和玛莉的婚姻却没挺过去，两人在1934年办理了离婚手续。

金融危机过去后，酒店生意慢慢好转，康拉德又开始不断买进新旅馆或建设新酒店。

1937 年，康拉德走出得克萨斯州，开始转战旧金山。在旧金山，康拉德第一次收购的是一个叫"德雷克爵士"的酒店。该酒店高 22 层，拥有 450 个房间。此后，康拉德又收购了很多家经营不善的酒店。康拉德好像有化腐朽为神奇的魔法，每座经营不下去的酒店，经过他的改造都重新焕发勃勃生机，并很快扭亏为盈。

1946 年，希尔顿酒店管理公司成立。一年后，希尔顿在纽约证券交易所发行了普通股，并获得市场的认可，这是有史以来旅馆业的股票第一次获得市场认可。有了这个公司，希尔顿酒店管理也逐渐统一起来。

四、收购华尔道夫

在众多辉煌的收购案中，康拉德最为自豪的壮举无疑是将"世界酒店皇后"华尔道夫 – 阿斯托利亚酒店（the Waldorf-Astoria）纳入麾下。这座酒店作为奢华与尊贵的代名词，曾无数次迎接来自全球各国的王室贵胄、政界领袖及亿万富豪。依靠无与伦比的辉煌历史与卓越品质，它在世界酒店业中独领风骚。

早在 1931 年，报纸上刊登的富丽堂皇的华尔道夫 – 阿斯托利亚酒店的开业盛况，便激起了康拉德内心深处的无限向往。据传，康拉德将该酒店的照片从报纸上细心剪下，珍藏于办公桌的玻璃板下，以此来激励自己不懈努力。

经过若干年的谋划，康拉德终于在 1949 年 10 月成功地将华尔道夫酒店收入囊中，这一壮举让他成为"美国酒店业大王"。随后，康拉德的名字登上了美国《时代》周刊的封面，成为时代的焦点与楷模。这不仅是对他个人成就的认可，也是对他坚持梦想、勇于探索的最高赞誉。华尔道夫酒店从此成了康拉德事业生涯中最为璀璨的明珠，照亮了他前行的道路。

收购华尔道夫之后，康拉德并不满足，他将目光投向了国际市场，并成立了希尔顿国际公司，他希望希尔顿酒店开遍全球。

1954 年 10 月，康拉德用 1.11 亿美元正式获得斯塔特拉连锁酒店的控制权。这是酒店史上最大规模的一次合并。

1963 年，康拉德再一次登上美国《时代》周刊的封面，成为第一位二刷《时代》封面的酒店人。

1966 年，康拉德正式退休，将希尔顿酒店集团的舵手之位，庄重地移交给了敢想敢做的次子——巴伦·希尔顿。巴伦接掌帅印后，迅速以希尔顿酒店董事长兼首席执行官的身份，引领集团步入了一个前所未有的扩张与繁荣时代。

在巴伦·希尔顿的英明领导下，一系列雄心勃勃的大型房地产收购与合并战略相继展开，如同潮水般涌向全球市场，不仅巩固了希尔顿在酒店业的领先地位，还以前所未有的姿态拓宽了集团的商业疆域。

尤为值得一提的是 1970 年的里程碑事件。巴伦凭借其敏锐的洞察力与非凡的谈判技巧，成功说服董事会斥资 1.12 亿美元，一举将拉斯维加斯的弗拉明戈赌场酒店与拉斯维加斯国际酒店纳入希尔顿麾下。这两家酒店作为拉斯维加斯奢华与繁荣的象征，长久以来吸引着全球社会名流的目光，是业界公认的盈利巨擘。

此次收购为希尔顿酒店集团带来了丰厚的经济回报，两家酒店贡献的收入几乎占据了集团总收入的半壁江山。更重要的是，此次收购帮助希尔顿酒店集团进入《财富》500强企业排行榜。

1979年，一代酒店传奇人物康拉德·希尔顿病逝。为了深切缅怀这位伟大的先驱，巴伦便以父亲的名字创立了希尔顿旗下的全新奢华品牌——康拉德酒店（Conrad Hotels），以此作为对父亲卓越贡献与不朽精神的最高致敬。这一新贵品牌的尊贵地位仅次于"传奇经典"的华尔道夫，更在希尔顿品牌之上。

1988年，上海希尔顿酒店璀璨揭幕，以无与伦比的优雅与奢华成为上海首家荣获五星级认证的高级酒店，也标志着希尔顿酒店集团正式踏足中国大陆市场。

巴伦以其卓越的领导力和长远的战略眼光，掌舵希尔顿酒店集团长达30年。在这期间，他凭借对拉斯维加斯博彩业潜力的精准洞察，以及大胆放开特许经营模式的创新举措，引领希尔顿集团踏上了新一轮的繁荣浪潮，业务版图持续扩张，业绩屡创新高。

五、新生代的多彩生活

希尔顿家族的第三代、第四代成员中，鲜有对酒店经营抱有浓厚兴趣与热忱的继承者，也没有像巴伦那样有魄力的领导者，希尔顿酒店集团面临后继无人的局面。巴伦只得将希尔顿酒店集团交给迪士尼前CFO博伦巴克管理。

2007 年，希尔顿酒店集团迎来了其发展历程中的一个重要转折点——被全球知名的私募股权投资公司黑石集团成功收购。这一历史性交易之后，希尔顿家族成员在集团内部的影响力逐渐减弱。

时至今日，希尔顿家族成员出现在大众视野里多是因为娱乐时尚新闻。其中，巴伦的孙女妮基·希尔顿是一位多才多艺的女性。她不仅是模特，还是才华横溢的服装设计师。2015 年，妮基与罗斯柴尔德家族的杰出代表詹姆斯·罗斯柴尔德喜结连理。这场名门之间的联姻，不仅开启了一段浪漫佳话，而且引发了社会各界对于两大望族未来合作的无限遐想与热烈讨论。

妮基的姐姐帕丽斯·希尔顿自 15 岁起便踏入公众视野，凭借不懈努力与天赋异禀，如今已华丽转身为集女模特、演员、歌手、商人等多重身份于一身的跨界精英。年仅 25 岁，她便已拥有多达 45 家品牌店铺，年收入更是惊人地突破了 40 亿美元，展现出非凡的商业才能与影响力。2020 年，帕丽斯参与了纪录片《这就是帕丽斯》的拍摄，勇敢地揭露了自己 17 岁时所经历的"校园霸凌"与"暴力折磨"，用个人经历激励他人，传递正能量。2021 年，帕丽斯和企业家男友卡特·雷姆喜结连理，开启了人生的新篇章。

尽管希尔顿家族成员已不直接掌管希尔顿酒店集团的日常运营，但他们仍以耀眼的姿态活跃在媒体新闻中，在其他领域熠熠生辉，不断谱写着属于希尔顿家族的传奇篇章。

第二节　希尔顿酒店的经营秘诀

作为全球首屈一指的酒店业巨头，希尔顿酒店的成功绝非偶然，而是源于其卓越的管理理念与不懈追求。在欧洲首家国际级酒店卡斯泰兰扎希尔顿酒店揭幕式上，康拉德·希尔顿亲自登台，慷慨分享了他多年经营酒店总结出来的心得体会。

这些心得不仅是他个人智慧与汗水的结晶，也是引领希尔顿酒店集团从一家小型旅馆成长为全球酒店业领航者的指路明灯，主要包括以下7点：

一、每家酒店都要有自己的风格

在希尔顿酒店集团的宏伟版图中，尽管每一家酒店均承载着希尔顿品牌的荣耀与标准，但它们都具有自己的风格。每一家酒店都被赋予了打造自身独特风格的使命，这种风格不仅根植于酒店自身的历史底蕴，而且需巧妙地融入所在城市或国家的文化精髓与地域特色。以上海外滩华尔道夫酒店为例，其选址非常用心，选择的是上海总会大楼。这座始建于 1911 年的新古典主义杰出的建筑，不仅保留了岁月的痕迹与传奇色彩，还将时尚创意的火花与地标性建筑的庄重完美融合，再辅以当代奢华设施的点缀，简直是全球高端旅行者的梦幻之选。

康拉德深谙此道。他强调，在塑造酒店风格的时候，选择并培养一位卓越的酒店经理非常重要。这位经理不仅是酒店灵魂的塑造者，还是策略执行的掌舵人。康拉德先生倡导给予经理充分的信任与授权，让他们能够自由挥洒创意，灵活应对市场变化，确保每家酒店都能在保持品牌一致性的同时，各自绽放出个性独具的光芒。

二、管理人员要学会精准预估

康拉德睿智地指出，酒店管理是一门精准预估的艺术。他强调，每一位酒店管理人员都需要具备敏锐的市场洞察力和卓越的数据分析能力，以实现对每月经营状况精准把脉。这要求他们不仅能够准确预测客流量、入住率等关键指标，还需要对人力资源配置、物资需求及日常运营必需品等做出科学合理的估算和安排。

管理人员只有学会精准预估，才能有效避免资源过剩导致的浪费现象，同时也能确保满足高峰期或特殊时期的需求，给客户提供无懈可击的服务体验，避免因预估不足而产生服务不周的现象。精准预估不仅是成本控制与效率提升的关键，而且是酒店赢得顾客信赖、保持市场竞争力的重要法宝。

三、尽可能大量采购

在物料采购策略上，康拉德倡导一种高效且经济的模式：对于大多数日常必需品，采取直接向生产厂家进行大批量采购的方式。这一策略不仅能够有效降低采购成本，享受批量采购带来的价格优惠，还能确保物料供应的稳定性和及时性，减少因频繁采购而产生的额外成本和时间消耗。

此外，由于采购量大，酒店还可以让厂家根据要求和客户的偏好进行设计，实现定制化生产。这样既能确保物料完美贴合酒店的独特风格和服务标准，又能通过精准匹配市场需求，进一步提升顾客的满意度与忠诚度。

四、利用好酒店的空间

在酒店运营中，康拉德始终致力于将酒店的空间都转化为价值创造的源泉。康拉德收购第一家旅馆莫布利后，就将旅馆的空间都利用到极致：除了将餐厅改成客房，还将旅馆大堂的墙壁租给广告商，将地下室租给别人当仓库，将书吧改成酒吧。收购另一家酒店后，将中央大厅原本用来装饰的巨大圆柱换成了晶莹剔透的玻璃柱，并在玻璃柱中间放上漂亮的玻璃展箱，然后将玻璃展箱租给珠宝商或香水制造厂家。这一改动不仅为宾客带来了视觉上的享受，还为酒店带来了源源不断的额外收入，为酒店的长期发展与繁荣奠定了坚不可摧的基石。

五、要培养优秀管理人才

康拉德说，培养优秀的管理人才是各行各业追求卓越、实现精进不可或缺的基石，更是酒店业持续繁荣与创新的关键驱动力。除了依托设有酒店管理专业的大学进行系统化的教育与培养外，还要重视并强化在职培训环节，通过理论与实践相结合，打造出一支既具备深厚理论功底又拥有丰富实战经验的管理精英团队，为酒店业的蓬勃发展注入不竭动力。

六、全球预订服务

在希尔顿酒店系统内，推行一套高效便捷的全球预订服务方案，一旦客人踏入任何一家希尔顿酒店，即可轻松享受其提供的无缝预订服务体验。通过希尔顿专业的客户服务团队或先进的在线预订平台，客人能够轻松规划并锁定其旅行目的地的希尔顿酒店房间，无论是穿梭于繁华都市还是探索遥远国度的风光，都能随时享受到希尔顿的贴心服务。

七、学会营销

常言道："酒好也怕巷子深。"希尔顿深知在竞争激烈的市场中，卓越的营销策划是不可或缺的利器。所以，希尔顿也要不遗余力地向外界宣传"希尔顿"品牌，让每一位外出旅行的人想住宿时，首先想到的就是希尔顿酒店。

希尔顿酒店之所以能在全球范围内赢得广泛赞誉，其独特的微笑服务功不可没。希尔顿的微笑服务源自康拉德的母亲。当康拉德凭借非凡的商业智慧，将最初的 5000 美元资产增值至数千万美元时，他满怀激动地与母亲分享这份成就。然而，母亲却以深远的目光告诫他，真正的成功在于超越物质积累，还提醒他必须把握更重要的东西：除了对顾客真诚以待外，还要具备一种让每位宾客都渴望再次光临的魔力。母亲让康拉德想出一种简单易行还不额外花费本钱却行之有效的办法去吸引顾客。

在母亲的启发下，康拉德想到了微笑服务。微笑服务不需要额外花费成本，却能提升顾客体验，让每一位踏入希尔顿酒店的旅客都能感受到家一般的温暖与惬意，从而自然而然地成为希尔顿品牌的忠实拥趸，期待着下一次的重逢。

康拉德管理希尔顿酒店期间，视察每一家分店时会询问员工："你今天对客人微笑了吗？"即便 20 世纪 30 年代"经济大萧条"期间，希尔顿酒店差点经营不下去时，他也提醒员工不能忘记微笑服务。他说，不管酒店遇到什么困难，希尔顿员工脸上的微笑永远是属于顾客的。

希尔顿的微笑服务在危机四伏的艰难时刻，如同一股不可抗拒的力量温暖了每一位客户的心田，也为希尔顿酒店赢得了宝贵的口碑与客户忠诚。"经济大萧条"过后，市场逐渐回暖，希尔顿酒店凭借其独特的微笑文化和服务魅力迅速脱颖而出，迎来了新的繁荣与发展。

除了标志性的微笑服务，希尔顿酒店还以非凡的创新力在业界树立了一座座里程碑，开创了无数个行业"第一"。

1925 年，在空调还没有普及的时候，希尔顿酒店率先推出了没有西晒的客房，将电梯、后勤通道、通风设施及其他非客户设施巧妙地安排在西侧，将客房精心布置在东侧，从而避免了因阳光暴晒导致的客房温度过高问题。

1927 年，新开业的韦科希尔顿酒店在大堂安装空调，树立了酒店业舒适标准的新标杆。

1947 年，纽约罗斯福希尔顿酒店开业时再次引领潮流，不仅将电视纳入客房标配，还创新性地推出了中央预订系统，让顾客只需一通电话，即可轻松预订全球任意一家希尔顿酒店的客房，极大地方便了旅行者的住宿安排。

1954 年，波多黎各的加勒比希尔顿酒店更是创意无限，发明了风靡至今的经典鸡尾酒——冰镇果汁朗姆酒，为宾客的味蕾带来了前所未有的享受，也成为酒店文化的一张亮丽名片。

1955 年，希尔顿酒店再次引领行业变革，率先在每个客房安装空调，并配备独立恒温器，让每一位宾客都能根据自己的喜好调节室内温度，享受个性化的服务。

1973 年，希尔顿酒店推出数字化酒店预订系统，引领酒店业向智能化、便捷化转型，让预订过程更加高效、透明，赢得了市场的广泛赞誉。

这些"第一"不仅塑造了希尔顿酒店的品牌形象，引领了酒店行业的潮流趋势，还成为各大报纸争相报道的焦点，为希尔顿的口碑营销增添了无数璀璨的篇章，让更多的人知道希尔顿，进而选择希尔顿。

第三节　康拉德·希尔顿成功的要素

1957 年，康拉德·希尔顿写了一本自传——《我的客人》。在这本书里，康拉德以深邃的思想和细腻的笔触，对自己波澜壮阔的一生进行了精练而富有洞察力的总结，精妙地提炼出引领他走向成功的 6 个核心要素。

一、用心发掘自己独特的才华

康拉德认为，每个人都是独一无二的，都有自己独特的才华，用心挖掘这份独特的才华是迈向成功的第一步。如果一时之间没有发现自己的才华也无须焦虑，康拉德说，他花了整整 32 年才发现自己的才华。在这之前，他不过是职场中一名默默无闻的小职员，甚至还一度以为自己的梦想是成为银行家，这样的经历非但不可耻，反而是人生探索路上宝贵的经验。

回顾历史，无数伟人也有类似的经历：华盛顿总统在步入政坛前，曾经以验货员的身份勤勉工作；文学巨匠毛姆在成为举世闻名的作家之前，读的是医学专业。这些例子说明每个人在找到自己的才华之前都需要经历一段或长或短的摸索期。

因此，康拉德恳请大家不要因为长辈的期望或薪金的诱惑而轻易将自己束缚于既定的轨道之上，错失探索自我、绽放光彩的广阔天地；更不必为当前的不确定和迷茫而踟蹰不前，要勇敢地去尝试、去探索，如果你找到了自己独特的才华，就会知道自己到底想要干什么，然后成就自己的非凡人生。

二、必须怀有梦想

康拉德说，想要成就一番伟大的事业，必先有伟大的梦想。梦想的大小直接决定了你人生舞台的大小，你想要有多大的发展、取得多大的价值和成就，就得树立多大的志向和理想。

遗憾的是，不少人往往低估了自己的潜能，忽视了自身蕴藏的无价之宝，从而错失了成功的机遇。正如一块普通的铁，其原始价值或许只是寥寥数美元，但经过匠人之手被锻造成马蹄铁，价值可增至10倍；若做成细针，其价值可能增至百倍；如果将其精心打造成精密手表的发条，其价值则能增至千倍。

因此，我们应当将自己的个人目标设定得更加远大一些，以此激发内在的无限潜能，实现自我价值的最大化。梦想的伟大之处就在于其无限的可能性，它能引领我们超越现状，跨越种种不可能，最终将梦想变成现实。

第二次世界大战刚结束，康拉德就想把希尔顿酒店开到世界各地，但是股东却认为现在国际形势尚未明确，有可能还会爆发战争，所以不同意康拉德的提议。康拉德没有因为股东的反对就放弃自己的梦想，而是重新成立一家独立的分公司，然后努力去实现梦想。

在康拉德的运筹下，波多黎各的加勒比希尔顿酒店建成了，接着康拉德又在西班牙首都马德里开设了希尔顿酒店。此后，希尔顿酒店出现在世界很多地方。阿姆斯特朗登上月球时，康拉德甚至想将希尔顿开到月球上去。

三、永远热忱，永远执着

康拉德说，热忱和执着是成就梦想不可或缺的条件。也许，你才华横溢甚至天赋异禀，然而，只有当这份天赋与不懈的热忱相结合，你才能绽放出最璀璨、最持久的光芒。

热忱如同永不干涸的源泉，为每一位想要追求卓越的旅人提供源源不断的动力和激情。看看历史长河中那些赫赫有名的人物，无一不是以满腔热忱坚定执着地书写了属于自己的传奇。譬如，世界著名建筑师坎诺·兰恩即便年逾八旬，仍怀揣对知识的无限渴望，涉足文学、天文学与宗教的广阔领域；再如，古希腊历史学者普鲁塔克即便年老，还决定踏上学习拉丁文的新征程；尤为令人动容的是，意大利作曲家朱塞佩·威尔第以实际行动诠释了何为"生命不息，热忱不止"，74岁高龄的他依然满怀激情地创作出《奥塞罗》这等震撼灵魂的杰作，向世界证明年龄不过是时间的刻度，它无法丈量一个炽热的灵魂所能攀登的艺术巅峰。

这些在历史长河中犹如璀璨星辰的人物，用他们不朽的传奇告诉我们：无论身处何种境遇，无论岁月如何更迭，只要心中燃烧着不灭的热忱之火，便能跨越一切艰难险阻，书写属于自己的辉煌篇章，让生命之树常青，让梦想之花永绽。

四、不要过于忧虑

康拉德说，成功者的生活艺术在于追求一种全方位的和谐与平衡，这种平衡精妙地贯穿于思想之深邃、行为之果敢、休憩之宁静与娱乐之欢愉的每一个维度。真正洞悉生活奥秘的成功人士，擅长在不懈奋斗与悠然生活之间游刃有余地穿梭，既不让繁重的工作成为不可承受之重，也不会整天沉溺于无度的娱乐之中。

人的一生总会遇到各种各样的难题，而真正的成功者是那些勇于直面困境、化解难题的勇士。面对难题，我们一味沉浸在忧虑与哀叹之中，无异于作茧自缚，唯有以积极的心态去思考，然后采取果断的行动，才能逐一攻克难关。过度的忧虑犹如厚重的乌云，遮蔽了心灵的晴空，让焦虑、怨恨与自我怀疑的阴霾弥漫，最终拖慢了我们前行的脚步。

因此，我们应该以更加积极和平衡的态度，去拥抱生命中的每一个瞬间，无论是站在巅峰的辉煌还是跌入沉寂的低谷，都视其为生命成长不可或缺的养分。以智慧为笔、勇气为墨，我们应当勇敢地在生活的画卷上挥洒自如，绘制出独属于自己的、充满色彩与故事的精彩篇章。

五、不要沉湎于过去

康拉德告诫我们，不要让悔恨与渴望成为心灵的枷锁，不要频频悔恨以前的过失，也不要总是渴望再现过去的辉煌，因为这些无谓的执念只会让我们的心灵深陷于记忆的沼泽，无法自拔。

昨日已成过往云烟，其唯一的意义在于警示我们：唯有从过往的失误中吸取教训才是智慧之举，如果沉迷于昔日的成就之中，无异于自筑高墙，实为不幸之始。因此，我们需要学会控制自己，不要让失败的阴影笼罩心田，也不要让成功的光环蒙蔽前行的视线。我们应当怀揣着勇气与决心，挣脱过去的束缚，勇敢地迈向那更加辽阔、充满无限可能的未来。在那里，新的梦想等待着我们去追逐，新的高峰召唤着我们去攀登。

六、保持理智，不要让你所拥有的东西控制你的思想

康拉德告诫我们，"不要让你所拥有的东西控制你的思想"。他说金钱本身并非罪恶的根源，人类内心对金钱无尽的贪欲才是万恶之源。财富无疑能为我们的生活带来诸多便利，但关键在于我们是否可以坚守本心，成为金钱的主人，而非随波逐流沦为金钱的奴隶，任由金钱支配我们的行动。

这一智慧不仅适用于金钱，某种物质或精神一旦成为束缚我们前行的枷锁，便失去了其存在的价值。康拉德提醒我们，发现自己对某物的依赖

已经到了失去便无法生存的地步时，就说明我们已经被其牢牢控制了。此时，最明智的做法就是毅然放手。只有这样，我们才能挣脱其束缚，获得真正的自由。

第八章　靠钻石起家的奥本海默家族

　　奥本海默家族是由恩斯特·奥本海默创立的一个"钻石家族"，曾经控制钻石行业超过百年，是世界级钻石巨头戴比尔斯（De Beers）背后的"东家"，一度垄断全球近九成钻石市场份额。这一成就不仅为奥本海默家族带来了巨额财富，而且奠定了其在全球钻石产业中的领导地位。

　　2011 年奥本海默家族将戴比尔斯的股票全部出售，彻底退出了钻石行业。现在该家族财富主要来源于斯托克代尔街有限公司（Stockdale Street Limited）和非洲塔纳资本（Tana Africa Capital）。这些公司在非洲、亚洲、美洲、欧洲等地进行了广泛投资，包括乌干达的哈里斯工业公司、铝饮料罐制造商 GZI 和能源基础设施公司 Genser 等。2024 年，奥本海默家族凭借其卓越的投资成就与稳健的财富管理策略，再次荣登非洲富豪榜第 3 位，财富高达 107 亿美元。

第一节　钻石王国的发展历程

1880年，恩斯特·奥本海默出生于德国一个底层的犹太家庭。16岁时，为了家庭生计，他跟哥哥去伦敦做钻石分拣的工作。虽然没有经过专业的培训，恩斯特却天生拥有一项特别的能力，看一眼就能知道哪些原石可以加工成一流的钻石。在那个还没有先进检测仪器的年代，他这项特殊的能力赢得了老板的青睐，22岁就被公司派到南非金伯利市购买裸钻。

当时，南非还是英属殖民地，社会秩序非常混乱。在这片充满未知与危险的土地上，恩斯特凭借自己独特的慧眼和过人的胆识淘到了人生的第一桶金。当南非淘钻热潮逐渐退却，很多人都纷纷选择撤离时，恩斯特却展现出非凡的远见与决心，选择留下来并开始建立自己的"钻石王国"。

恩特斯凭借其在德国出生、英国成长的独特经历，开始做起了英德殖民地之间的生意。不久之后，他获得了约翰内斯堡一家钻石矿的独家经销权，这不仅让他的财富迅速累积，还使他在当地商界声名鹊起，跻身知名富商之列。然而，对于恩斯特来说，成为一名钻石经销商远非他的终极目标。他的心中怀揣着更为宏大的目标，那就是成为钻石行业的绝对垄断者。在恩斯特的眼中，垄断是通往巨额利润与无上权力的必经之路。

为了实现自己的宏伟蓝图，恩特斯开始涉足政界。1912 年，恩斯特荣任金伯利市市长并蝉联三届。后来，他还代表金伯利市进入南非议会。在政界的广阔舞台上，恩斯特精心编织着一张覆盖全球的政要关系网，其中包括如史末资将军（后晋升为南非总理）这样的国家领袖，以及采矿工程师出身的赫伯特·胡佛（后来成为美国总统）等各界精英。这些跨越国界、跨越领域的关系，不仅为恩斯特带来了前所未有的财富与名利，而且为他日后的钻石垄断之路铺设了坚实的政治基石。

一、组建钻石王国

第一次世界大战期间，恩斯特凭借其人脉网络，以很低的价格从德国人手里收购到奥本海默家族历史上的第一座钻石矿——奥本海默统一钻石矿（OCDM），这标志着家族财富开启了新篇章，为未来的辉煌奠定了基石。

1917 年，恩斯特与金融巨擘 J.P. 摩根家族共同成立了南非首家矿业公司——南非英美公司。该公司业务版图横跨钻石与金矿两大领域。

随着实力的日益增强，恩斯特将目光对准了当时南非钻石市场的霸主——戴比尔斯公司，这是一家自 1888 年起便在全球范围内构建起庞大销售网络的行业巨擘。恩斯特深知，要想实现自己在钻石行业的垄断，就必须与戴比尔斯这样的行业巨头一较高下。因此，他开始精心策划，准备向这个长期以来的垄断者发起挑战，以期在南非乃至全球的钻石版图上刻下属于自己的辉煌印记。

面对戴比尔斯这一历史悠久、根深蒂固的钻石业巨头，挑战其地位似乎是一场不可能的战役，但恩斯特并没有退缩。他采取了大胆而决绝的策略——以低价为矛，与戴比尔斯展开了一场旷日持久的商业竞争。

诚然，这样的策略使恩斯特损失不小，但戴比尔斯因其庞大的运营成本和既有的市场定位所承受的损失更为惨重。更为关键的是，随着钻石价格持续走低，戴比尔斯的股价也不断下跌，威胁着其资本市场的稳定。若此态势持续，戴比尔斯的股票恐将沦为一堆无人问津的废纸，到时公司也会面临破产的危险。最终，戴比尔斯选择了妥协。

1926 年，恩斯特通过置换股票的方式获得了戴比尔斯的控制权。有了戴比尔斯这个强大的后台，恩斯特犹如猛虎添翼，迅速展开了一系列深谋远虑的布局。他利用戴比尔斯的庞大资源和市场影响力，对南非钻石行业进行了一次前所未有的整合与重塑。面对那些实力相对薄弱的钻石企业，恩斯特以激烈的价格战、精准的市场制裁及巧妙划定势力范围等多元化手段，逐一瓦解了竞争对手的防线，最终将南非的钻石产业纳入了自己的垄断版图。

1929 年，随着恩斯特正式担任戴比尔斯公司的总裁，一个前所未有的钻石王国也由此奠基。他不仅巩固了自己在南非钻石界的霸主地位，还在全球范围内树立了戴比尔斯作为钻石行业标杆的形象。

1934 年，恩斯特在伦敦创立了享誉全球的中央统售机构——CSO（Central Selling Organization）。通过 CSO 这一平台，恩斯特巧妙地将全球钻石矿的源头置于自己的严密监控之下，实现了从开采到销售的全方位、一体化管理。这一战略举措为恩斯特构建了一道坚不可摧的市场壁垒。

除了钻石这一核心支柱外，恩斯特还敏锐地洞察到了黄金、铜矿、煤矿、铂矿等矿产资源的巨大潜力，捕捉到了炸药工业与农业领域的发展机遇，并将家族产业拓展到这些领域。

到了 20 世纪 50 年代，经过数十年的精心布局与不懈努力，恩斯特成功地将奥本海默家族打造成了全球钻石行业的霸主。

当时，苏联一个小镇上有一座巨大的钻石矿，其储量之丰令人瞩目。戴比尔斯得知这个消息后，迅速与苏联达成合作，共同控制这座钻石矿的产量，以稳定全球钻石市场的价格。

二、钻石王国的陨落

1957 年，恩斯特去世，他的儿子哈里成为家族第二代掌门人。哈里不仅继承了恩斯特的全部遗产，还遗传了他的商业天赋。

在恩斯特时代，钻石是奢华的象征，为贵族阶层独享，哈里觉得这个定位虽然高端但市场太小，于是他决定扩大钻石的销售市场。哈里独具匠心地将钻石与爱情联系起来，通过媒体的大力宣传，将钻石塑造成爱情和婚姻中不可或缺的浪漫信物。在哈里的精心策划下，钻石成为恋人表达爱意、共筑未来的最佳选择。1965 年，美国 80% 的新婚女性拥有钻石。

在哈里的卓越引领下，奥本海默家族的钻石王国迎来了前所未有的鼎盛时代。彼时，家族不仅牢牢掌控着全球超过90%的钻石出产量，还几乎控住了南非的钻石、黄金与铂金产业。1973年，奥本海默家族产值之巨竟占据了南非国内生产总值的1/10，成为国家经济不可或缺的支柱。同时，家族的出口额几乎占南非总出口额的1/3，其经济影响力之强几乎可与一国之力相媲美，被誉为"国中之国"。

　　到了20世纪末，全球钻石产业格局悄然发生了改变。随着澳大利亚、加拿大、俄罗斯等国家不断发现大量钻石矿，戴比尔斯这一昔日的行业巨擘的市场占有率不断下滑，一度滑落至45%。

　　与此同时，奥本海默家族对钻石行业的长期垄断如同双刃剑，既铸就了家族的辉煌，也招致了多国政府及市场参与者的不满。1994年，戴比尔斯公司就受到美国政府的反垄断制裁。

　　1997年的亚洲金融危机让钻石消费市场遭受重创，需求急剧萎缩，戴比尔斯的钻石生意也受到严重打击。

　　2001年，奥本海默家族第三代掌门人尼基·奥本海默对戴比尔斯进行了战略重组，由奥本海默家族和英美资源集团（**南非英美公司和Minorco公司合并组建的**）共同出资197亿美元收购戴比尔斯，将戴比尔斯变成一家私人企业。此后，戴比尔斯通过与路易·威登合资，开始涉足钻石零售业。

　　2011年，尼基做出了一个影响深远的决策，将奥本海默家族世代传承、历经百年的戴比尔斯的全部股份，悉数转让给了长期合作伙伴英美资源集团。从此，奥本海默家族彻底告别了延续百年的钻石行业，开始转战其他领域。

同年，尼基与儿子乔纳森·奥本海默成立了单一家族办公室——奥本海默家族世代（Oppenheimer Generations）。奥本海默家族世代在南非、英国等国家拥有 20 多名精英员工，他们以专业的视角和敏锐的市场洞察力，为家族的财富增长与战略投资保驾护航。

2021 年，奥本海默家族世代决定在新加坡设立一个部门，用来推动奥本海默家族在非洲与亚洲市场之间的投资合作。

尽管奥本海默家族已退出钻石行业，但其在南非乃至全球的地位依然稳固如山，甚有影响力。

第二节　怎么将钻石卖出天价

恩斯特·奥本海默很早就制定了垄断钻石市场的宏伟目标，因为他发现"垄断是攫取暴利唯一的源泉"。他坚信，只有掌控钻石市场的独家经营权，自己才有定价权，才能获取最大的利润。

一、物以稀为贵

为了实现垄断经营的宏伟目标，恩斯特巧妙布局，成功战胜了当时的主要对手——戴比尔斯，取得了戴比尔斯的控制权。1929 年，恩斯特成为戴比尔斯的总裁，从此南非钻石产业正式步入他所引领的垄断时代。然而，就在他准备大展拳脚时，"经济大萧条"来了，全球经济都不景气，钻石这一奢侈品行业更是首当其冲，遭受了前所未有的重创，交易量也因此暴跌。

在"经济大萧条"的沉重打击下，那些曾长期与戴比尔斯分庭抗礼的钻石企业联盟也未能幸免于难，走到破产的边缘。在风雨飘摇之际，恩斯特敏锐地抓住了这一历史性的机遇，乘机将那些陷入困境的企业收到自己麾下，进一步巩固了戴比尔斯在钻石行业的霸主地位。

随着恩斯特的精心布局与不懈努力，戴比尔斯从危机中走出，一跃成为钻石行业的绝对领导者。凭借着对钻石行业的深刻理解与前瞻性的视野，戴比尔斯制定了一系列影响深远的行业标准与规范，引领着整个钻石产业向着更加垄断的方向发展。

"大萧条"期间，有些钻石厂商建议降价自保，却被恩斯特否决了。恩斯特深谙市场法则，深知"物以稀为贵"的道理，他说："提升钻石价值的唯一方法，就是使它们变得稀缺，减少产量。"

在这个理论的指导下，他果断下令关闭大部分的钻石矿厂，通过减少钻石的产量让钻石变得稀缺，以此来保护市场上钻石的价格。市场上钻石的产量从 1930 年的 2200 万克拉降到 1933 年的 1.4 万克拉左右。这一革命性的策略非但没有让钻石在"大萧条"期间贬值，反而逆势上扬。

二、创立中央统售机构

1934 年，恩斯特又在伦敦树立了一个影响深远的商业里程碑——中央统售机构 CSO。该机构以戴比尔斯为根基，巧妙地将全球范围内的所有钻石矿产商联合起来，形成一个开采和销售统一控制的庞大机构。

CSO 的成立标志着钻石行业迈入了一个全新的时代。在这个体系中，所有成员必须恪守严格的合约条款，实施限量开采策略，以确保钻石资源的稀缺性与珍贵性；然后将开采出来的钻坯统一送到 CSO，由戴比尔斯对这些钻坯进行精细的分拣、定价和收购；最后通过戴比尔斯的全球网络，将这些钻坯出售给世界各地的钻石切割商。

中央统售机构 CSO 规定：每年举办 10 场隆重的钻石鉴赏盛会。此外，CSO 还设立了业内闻名的"戴比尔斯 125"制度，严格限定只有 125 家珠宝切割公司能够直接获得向戴比尔斯公司采购钻石原石的资格，这一门槛的设置进一步巩固了戴比尔斯在钻石供应链中的核心地位。

在交易过程中，戴比尔斯展现出了行业领袖的权威，钻石原石的价格完全由其单方面决定。戴比尔斯创新性地采用搭配销售的方式，将大小各异、品质不同的钻石原石放在密封的塑料袋中，并附上明确的标价。珠宝切割公司几乎没有议价的权利，只有在单颗钻石的重量在 10.8 克拉以上时，才有极其微小的议价空间。

戴比尔斯通过中央统售机构 CSO 这一强大平台，能在短时间内调动并释放大量储备钻石，让钻石价格暴跌，给竞争对手带来前所未有的经营压力，而对方稍有不慎就会面临破产的绝境。在如此严峻的市场压力下，许多公司不得不选择放弃与戴比尔斯的直接竞争，转而寻求合作共赢的新途径或直接退出钻石市场。

借助中央统售机构 CSO 这一权威平台，戴比尔斯巧妙地构筑起了一道坚不可摧的防线，从源头上控制了钻石市场的价格。这种近乎垄断的经营模式，不仅赋予了戴比尔斯在定价权上的绝对优势，还使其能够精准调控市场供需，确保每一颗钻石的价值最大化。在这样的经营策略下，戴比尔斯所获取的丰厚利润实乃难以估量。

三、提出钻石 4C 标准

因为严格控制产量，戴比尔斯的钻石库存越来越多。1937 年时，其库存量已经飙升至惊人的 4000 万克拉，即便暂停所有开采活动，也能支撑市场卖 20 年。面对如此庞大的库存压力，恩斯特决定主动出击，创造市场需求。

他发现，钻石的价值并不仅限于做成饰品，其硬度与耐久性在工业领域也有广阔的应用前景，比如用于制作切割工具、制造磨料、制造耐磨件等。这个发现不仅极大地拓展了钻石的市场，还让他把那些成色不好的小碎钻也卖出了好价钱。

自 1940 年起，戴比尔斯联合美国宝石学院（GIA），共同缔造了钻石领域的里程碑——钻石 4C 标准。这一创举颠覆了传统观念，让每一颗钻石甚至小碎钻也能以其独特魅力体现尊贵与价值，即恩斯特提出的"碎钻亦显非凡，同享高贵之名"的全新价值主张。

所谓 4C 标准，就是钻石的价格不能仅用克拉重量去衡量，要从切工（Cut）、颜色（Color）、净度（Clarity）和克拉（Carat）重量四个方面去衡量。判断一颗钻石的价格高低，需要看其切工技艺是否精湛、颜色是否无色透明、净度是否纯净无瑕及重量大小四个维度。恩斯特通过这四个维度构建了一套全面而细致的评价体系，让每一颗钻石的价值得到公正精准的衡量，也让戴比尔斯的每一颗钻石都能获得较高的利润。

为了推广 4C 标准，戴比尔斯请 GIA 的创立者罗伯特·希普利进行全国巡回演讲，并请他向全美各地的珠宝商科普 4C 标准，同时在一些钻石的广告中使用 4C 标准术语。经过不懈的努力与时间的沉淀，到 20 世纪 60 年代，4C 标准已经成为钻石行业的国际通用标准，成为消费者选购钻石时不可或缺的参考依据。顾客踏入珠宝店选购心仪的钻石时，会看到一份权威认证的证书，它不仅是对钻石品质的保证，还是对 4C 标准普及成果的最佳见证。

　　戴比尔斯凭借其稳固的市场垄断地位与一系列精心策划的广告宣传活动，成功地将每一颗钻石的价值推至极致，彻底重塑了钻石行业的版图，开创了钻石行业的新纪元。

第三节　"钻石恒久远，一颗永流传"的营销策划

在珠宝行业中，"钻石恒久远，一颗永流传"这句由全球钻石巨头戴比尔斯在 20 世纪精心打造的经典广告语，如同夜空中最耀眼的星辰，瞬间点亮了世人对钻石的无尽遐想。

这句广告语以其非凡的魔力触动了无数恋人的心弦，使得"结婚买钻戒"成为一种浪漫的传统。它超越了时间与空间的界限，将钻石的坚硬与爱情的坚贞不渝完美融合起来，让每一颗精心雕琢的钻石都满载对未来美好生活的憧憬与承诺。

戴比尔斯凭借这一划时代的营销策略，不仅重塑了钻石在全球消费者心中的地位，还引领了一场关于爱情表达方式的深刻变革。从此，钻石不再仅仅是物质上的奢华享受，还是坚贞不渝的爱情的象征。

一、将钻石和爱情绑定

戴比尔斯这场别开生面的营销策划，其目的主要是增加自己的销量。当时受战争的影响，钻石销量持续不断地下降，哈里·奥本海默接管戴比尔斯之后，决定将市场定位转移至拥有庞大基数与巨大消费潜力的中产阶级群体，希望通过精准定位与创新策略，重新点燃人们购买钻石的热情，引领钻石销量逆势上扬。

哈里认为，只有真正的爱情能吸引更多的人认可并购买钻石。哈里巧妙地将钻石与这一世间最纯粹的情感紧密联系起来，编织了一段不朽的浪漫传奇。钻石（diamond）源自希腊语"adamas"，寓意着坚硬、难以征服，恰如爱情中那份坚定不移、恒久不变的承诺。于是，"A diamond is forever"这一经典广告语便应运而生，它不仅是对钻石物理特性的颂扬，还是对坚贞不渝爱情的诗意诠释。

哈里将钻石和爱情绑定后，钻石便超越了物质本身，成了人们不可轻易割舍的一部分。这样，钻石会长久地留在购买人手里，相爱的人一般不会将买回的钻石再拿出来卖，市场上的钻石就不会越来越多，不会影响戴比尔斯的生意。试问，谁愿意将象征着自己爱情的钻石卖给他人？即便是出于某种原因想要出售，恐怕也难以找到愿意接纳这份二手爱情的买家，因为真正的爱情是独一无二的。

这样的营销策略不仅巩固了钻石在人们心中作为爱情信物的地位，还促进了钻石市场的稳定与繁荣，可谓一举多得。

二、通过多种渠道进行宣传

哈里跟 Ayer 广告公司合作策划了一场媒体营销，大力宣扬钻石与爱情之间的紧密联系，通过一系列精心设计的广告攻势引导男士们相信，一颗更大、更闪亮的钻石代表更强烈的爱意，同时也激发了女性心中的浪漫憧憬，让钻石成为浪漫求婚场景中不可或缺的信物。

通过电影，这一情节更是被演绎得唯美至极：一位风度翩翩的绅士在众目睽睽之下，缓缓地向他心爱的女子单膝跪下，那一刻空气仿佛凝固。紧接着，他小心翼翼地打开一个精致的小盒子，里面静静地躺着一枚闪亮的大钻戒。随着他温柔地将这枚爱的信物缓缓套在女子纤细的手指上，四周响起了热烈的掌声，无数女性观众的心被深深触动。试问，面对如此浪漫而坚定的承诺，又有哪位女子能够不为之心动呢？

在经典的爱情歌舞剧《绅士爱美人》中，玛丽莲·梦露不仅佩戴了一条硕大又闪耀的钻石项链，还以她那迷人嗓音高歌"钻石是女人最好的朋友"，"若无钻戒，真爱难言"，直接将"钻石＝爱情"以最为直白而动人的方式烙印在每一位观众的心田。她既是在演绎角色，又是在以一种近乎魔法的力量向世界宣告：在婚姻的殿堂上，钻石不仅仅是装饰，更是浓烈爱意的见证，并且越大代表着爱得越深沉、越热烈。

电影的生动演绎加深了人们对于钻石作为爱情象征的认知，让钻石成为每个人心中对美好爱情向往的具象化表达。

此外，戴比尔斯还邀请一些电影明星佩戴其设计的钻石首饰，出席一些重要场合；让国际顶尖时尚设计师在访谈中阐述钻石就是当下最热门的时尚风向标；邀请皇室成员佩戴钻石饰品，给钻石赋予无上的荣耀与尊贵；在好莱坞私人物品专栏，细致描述电影明星佩戴的一些钻石饰品；为了进一步强化钻石的艺术价值与收藏意义，戴比尔斯匠心独运，将钻石跟一些名画放在一起，让人觉得钻石也跟名画一样是独一无二的艺术品；为了持续影响公众舆论，戴比尔斯还不断发布与钻石相关的权威数据与深度新闻，从稀有性、投资价值到文化意义等多维度解析钻石的独特魅力，激发社会各界对钻石的浓厚兴趣与持续关注。

不仅如此，戴比尔斯还精心策划了一场浪漫文学盛宴。他们邀请了一大批才华横溢的小说作家与写手，编织一系列浪漫的爱情故事。在这些故事中都有一个浪漫桥段，那便是男主角将钻石作为定情信物深情地送给女主角，以此象征着他们坚不可摧的爱情与永恒的承诺。

这些精心撰写的软文不仅文字优美、情节动人，还巧妙地融入了钻石作为爱情象征的深刻寓意，让读者在享受阅读乐趣的同时，也在潜移默化中接受了"结婚就应购买钻石"这一美好而浪漫的观念。通过这种润物细无声的方式，钻石成为每对新人步入婚姻殿堂时不可或缺的珍贵信物。

三、在全球进行传播

戴比尔斯那句经典的广告语——"A diamond is forever"，被翻译成 21 种语言，在全球 34 个国家和地区广泛传播，引领了将近一个世纪的全球钻石的流行趋势。

1993 年，"A diamond is forever"被翻译成"钻石恒久远，一颗永流

传"，钻石成功进入中国婚恋市场，彻底颠覆了新人婚庆时佩戴黄金、翡翠的传统习俗，进而形成了新人结婚购买钻石戒指、钻石项链的新风尚。

戴比尔斯通过一系列精准而富有创意的广告营销，不仅拓宽了钻石的销售市场，实现了销售量的迅猛增长，还在全球范围内掀起了一股钻石热潮，其品牌知名度也得到前所未有的提升。这一系列举措巩固了戴比尔斯在钻石行业的绝对领导地位，将其推向了前所未有的鼎盛时期，使其在全球钻石市场中占据了高达 90% 的份额，成为钻石行业的霸主。

第九章　泰坦尼克号上的隐秘家族——古根海姆家族

　　古根海姆家族是一个以采矿业发家致富而闻名的美国犹太家族。该家族的奠基人梅耶·古根海姆（Meyer Guggenheim）拥有阿什肯纳兹犹太血统，1847 年从瑞士移居美国。他与芭芭拉·迈耶结婚，他们的后代在接下来的几十年里，通过古根海姆勘探公司在全球采矿和冶炼业务中取得了巨大成功，使该家族在 20 世纪初积累了富可敌国的财富。

　　第一次世界大战结束后，古根海姆家族做出了战略性的转变，出售了全球的采矿权益，并收购了智利的硝酸盐矿。此后，古根海姆家族逐渐淡出了直接的商业经营活动。众多家族成员开始投身于其他事业，特别是在现代艺术、航空、医学及文化领域，他们慷慨解囊，资助了众多重要的文化和科学项目，赢得了广泛的赞誉。

　　通过在艺术、航空、医学等领域的慈善举措，古根海姆家族不仅延续了其在全球的影响力和声誉，也成了真正意义上的豪门典范。

第一节　古根海姆财富帝国缔造历史

古根海姆家族的创始人梅耶·古根海姆于 1828 年 2 月 1 日出生于瑞士阿尔高州。他是西蒙·迈耶·古根海姆和谢菲利·莱文格的儿子，拥有阿什肯纳兹犹太血统。1847 年，梅耶决定移民美国，寻找新的生活和商业机会。这一决定不仅改变了他的命运，也为古根海姆家族在美国的发展奠定了基础。

一、淘到第一桶金

初到美国时，梅耶从事进口生意，通过勤奋工作和其机敏的商业智慧在这个新兴市场中逐渐站稳了脚跟。他的进口业务主要集中在日常消费品领域，通过与欧洲的紧密联系，他能够引进质优价廉的商品，满足美国市场的需求。这段创业经历不仅为他积累了宝贵的商业经验，而且为后来的投资奠定了雄厚的经济基础。

19世纪中叶，美国正经历着快速的工业化进程，矿产资源的需求急剧增加。梅耶看准这一机遇，决定将他的财富投入矿业和冶金业中。他这么做，不仅是为了追求更高的利润，也是希望通过这些投资为家族企业开辟更广阔的发展空间。

古根海姆家族的矿业投资始于科罗拉多州莱德维尔矿区的银矿。在这里，梅耶通过引入先进的采矿和冶炼技术，提升了矿石的提炼效率和质量，将莱德维尔银矿打造成了一个盈利丰厚的矿区。这一成功之举为家族获取了第一桶金，也为他们在矿业领域的进一步扩展积累了宝贵经验。

随着在莱德维尔矿区的成功，梅耶进一步扩大了他的矿业和冶金业务。他在美国和墨西哥建立了多个冶炼厂，这些冶炼厂分布在矿产资源丰富的地区，为古根海姆家族的矿业帝国奠定了坚实的基础。

古根海姆家族的冶炼业务不仅限于银矿，还涉足了铜、铅、锌等多种矿产的冶炼。梅耶通过技术创新和管理优化，提高了冶炼厂的生产效率和产品质量，确保家族企业在激烈的市场竞争中保持优势，从而积累了丰厚的财富。

古根海姆家族对矿业和冶金业的战略投资，不仅为家族积累了巨大的财富，也奠定了他们在美国工业化进程中的重要地位。

二、"二代们"的奋斗

梅耶的几个儿子长大后，便在家族的采矿和冶炼业务中担任领导角色。

在梅耶的众多子嗣中，丹尼尔·古根海姆显得尤为出类拔萃。年少时，他便被送往瑞士深造，学习瑞士花边与刺绣的商贸知识，并同时在其父的进口公司中担任采购员一职。这段宝贵的经历为他日后的商业征途奠定了坚实的基础。

1881年，丹尼尔在科罗拉多州莱德维尔的古根海姆矿山中意外发现了高品质的银铅矿藏，这一发现对古根海姆家族的矿业发展具有里程碑意义。1884年，丹尼尔学成归国，投身于家族日益兴旺的采矿与冶炼事业。此后，他将古根海姆的采矿与冶炼业务拓展至墨西哥。至1895年，该业务年利润已高达100万美元。凭借出色的投资眼光与管理才能，丹尼尔已然成为家族中的领袖人物。

1891年，梅耶将家族旗下的10余家采矿企业整合至科罗拉多冶炼与精炼公司旗下。此后，古根海姆家族便与受洛克菲勒家族支持的美国冶炼与精炼公司（ASARCO）展开了旷日持久的商业角逐。至1901年，古根海姆家族已成功掌控ASARCO，并在随后的30年里稳坐采矿业的龙头位置。

在这之后，丹尼尔被委以重任，担任ASARCO董事会主席，并一直管理家族基金会至1919年。在父亲逝世后，丹尼尔顺理成章地接管了古根海姆家族企业。通过ASARCO、肯尼科特铜业等家族企业，古根海姆家族在全球范围内开展了多元化的矿产开采业务，包括在玻利维亚的锡矿、加拿大育空地区的金矿、比属刚果的钻石矿、安哥拉的钻石矿、智利的铜矿，以及在美国阿拉斯加州、犹他州的铜矿。

这一时期，丹尼尔的商业决策甚至会对整个国家产生影响。其传记作者约翰·H.戴维斯曾如此评价："丹尼尔甚至能通过一封电报来左右一个政府的成立或覆灭。"在丹尼尔的英明领导下，古根海姆家族通过采矿业务积累了惊人的财富。截至1918年，家族的财富估计已达2.5亿至3亿美元之巨，使他们跻身全球最富有的家族之列。所罗门·R.古根海姆并未循着父亲和哥哥的商业轨迹前行，而是自己闯出了一片天地，为古根海姆家族的财富帝国又增添了一抹新的亮色。

从19世纪90年代起，所罗门便对古典大师的艺术作品产生了浓厚的兴趣。退休后，他全身心地投入艺术品收藏中。1926年，他与希拉·冯·雷拜男爵夫人的相识，为他的艺术收藏之路带来了新的契机。

1930年，所罗门参观了瓦西里·康定斯基在德国德绍的工作室，深受启发，并开始收藏康定斯基的作品。同年，他在纽约广场酒店的公寓里举办了藏品展览，与公众分享他的艺术藏品。此后，他的收藏品不断增多，鲁道夫·鲍尔、马克·夏加尔、费尔南·莱热和拉斯洛·莫霍利－纳吉等艺术家的作品都被他尽数收入囊中。

为了进一步推广现代艺术，所罗门在1937年成立了所罗门·R.古根海姆基金会。两年后，他又与雷拜男爵夫人在纽约市东54街24号创立了非具象绘画博物馆，用于展示他的藏品。

随着藏品不断增加，原有的展示空间已无法满足需求。于是，在1943年，所罗门和雷拜男爵夫人委托著名建筑师弗兰克·劳埃德·赖特设计新的博物馆建筑。所罗门去世后，为了缅怀他对艺术的卓越贡献，博物馆在

1952 年更名为所罗门·R. 古根海姆博物馆。新馆于 1959 年在纽约市盛大开幕，成为现代艺术的重要展示场所，继续彰显所罗门对艺术的无限热爱与贡献。

相比于其他几个兄弟，本杰明·古根海姆可能并不算优秀，但他的故事却要比其他兄弟都精彩而且不凡。

1912 年 4 月 10 日，泰坦尼克号从英国南安普敦出发，前往美国纽约。本杰明作为一名头等舱乘客登上了这艘豪华邮轮，计划回到美国处理家族事务。然而，在 1912 年 4 月 14 日深夜，泰坦尼克号在大西洋上撞上了一座冰山，开始迅速下沉。本杰明意识到灾难的严重性，在确保他人安全后，他和他的仆人维克多·吉利奥换上了他们最好的晚礼服。他为妻子留下一张字条："这条船不会有任何一个女性因为我抢占了救生艇的位置而剩在甲板上。我不会死得像一个畜生，而会像一个真正的男子汉。"

最终，本杰明在这次灾难中不幸遇难，他的牺牲对古根海姆家族产生了深远的影响。虽然本杰明的去世对家族成员是一个巨大的打击，但家族成员迅速团结起来，继续推动家族企业的发展。

在前两代人的共同奋斗下，古根海姆家族逐渐建立起了庞大的财富帝国。不过，与前代深耕矿产行业攫取财富不同，古根海姆家族的后代们并没有蜷缩于祖辈的恩荫中，而是在许多新的领域取得了巨大成就，让古根海姆家族的商业帝国更加璀璨夺目。

第二节　"富三代"的非凡人生

在古根海姆家族第三代中，哈利·古根海姆无疑是最为杰出的一位。他不仅继承了家族的财富和企业，还在多个领域展现了卓越的才华和远见卓识。

1890 年 8 月 23 日，哈利出生在美国新泽西州西区。他是弗洛伦斯·古根海姆（娘家姓施洛斯）和丹尼尔·古根海姆的第二个儿子。哈利的父亲丹尼尔在 1905 年祖父去世后接管了古根海姆家族企业，他的母亲弗洛伦斯则是古根海姆基金会的联合创始人兼总裁，以及妇女全国共和党俱乐部的财务主管。

1907 年，哈利毕业于曼哈顿的哥伦比亚文法学校，随后进入耶鲁大学谢菲尔德科学学院学习。为了获得更多的实践经验，哈利离开耶鲁大学，在美国冶炼和精炼公司当了三年学徒。这家公司归古根海姆家族所有，哈利在这里积累了丰富的实践经验，为他日后的事业打下了坚实的基础。

1910 年，哈利前往英国，进入剑桥大学彭布罗克学院继续深造。他在剑桥大学学习期间，不仅在学术方面接受了凯恩斯的私人指导，还参与了网球、划船等多种活动，拓宽了自己的视野又增长了知识，为后续的发展打下了坚实基础。1913 年 12 月 19 日，哈利从剑桥大学毕业，获得了文学学士学位。

一、攀登人生的新高峰

虽然父亲有意将在采矿业积累的经验与人脉传承给哈利，但从剑桥毕业后，哈利曾写信给父亲，暗示自己无意接手家族的采矿业。他在信中对父亲说："您已经在自己的工业巨峰上登顶，现在我应当去攀登自己的山峰。"

起初，哈利并不明确自己要攀登哪座"山峰"。随着第一次世界大战的爆发，以及自己的好友相继投身战场，他坚定了自己的方向——成为一名海军战士。

1917 年 3 月，哈利购置了一架柯蒂斯水上飞机，并前往格伦·哈蒙德·柯蒂斯所开设的飞行学校学习。那架柯蒂斯水上飞机长 8 米，翼展达到 13.7 米，其独特之处在于配备了两套完全相同的控制系统，供教练与学员共同操作。在开阔的驾驶舱内，哈利初步掌握了低空"割草"飞行技巧，并迅速掌握了俯冲、变轨以及保持直线和水平飞行的要领。在受训期间，哈利还听闻柯蒂斯因其设计出新颖的机翼而与竞争对手莱特兄弟陷入了专利纠纷。

经过一系列严苛的训练和实操演练，哈利终于能够独立完成柯蒂斯水上飞机的驾驶，并获得了操控 F 型双翼机与三翼机的资格。此后，他被委任为美国海军预备役中尉，调派至贝肖尔的美国海军航空站。在此期间，他进一步学习了军事地图绘制、无线电通信技术，以及各类仪器仪表的使用。

1917 年 9 月 14 日，哈利正式加入美国海军预备队，开启了他为期四年的军事生涯。第一次世界大战爆发时，他作为第一耶鲁部队的一员远赴法国、英国和意大利前线服役。从海军陆战队少尉起步，最初被派往法国，后又辗转英国和意大利执行任务，直至战争结束，他以海军少校的身份光荣退役。

远离战场后，哈利也并未投身家族事业，而是痴迷于飞行，因为他相信这项仍存在许多危险的事业，未来一定会发展成为一项不可思议的大生意。

1924 年，在哈利的游说下，他的父亲丹尼尔出资成立了丹尼尔和弗洛伦斯·古根海姆基金会。哈利先是担任基金会的董事，后又成为基金会的总裁。基金会的咨询委员会主席则由莱特兄弟中的弟弟奥维尔·莱特担任。

此时，美国政府也在酝酿支持航空业发展的政策，看到古根海姆家族如此热衷于这一事业，便邀请哈利一起来商讨。哈利与时任美国总统柯立芝谈论了自己的"金融火花塞"构想，他想让新的基金会成为帮助推动美国航空产业车轮运转起来的"火花塞"，而不是一个永久性的"提款机"。

1925 年，丹尼尔·古根海姆航空促进基金会成立，哈利任基金会主席，他的父亲丹尼尔是出资人，政府方面则有柯立芝与胡佛的支持。为此，哈利轻松招募了一大批不同领域的精英人士成为基金会的股东，并资助了许多航空项目及飞行项目，真正成为美国航空业的"金融火花塞"。哈利本人也因此被《大众科学》杂志称为"飞行教父"。1971 年，他因对航空业的贡献成功入选国家航空名人堂。

在积极投身航空业的同时，哈利还通过基金会的资助推动了现代火箭技术的发展。1929 年，哈利通过古根海姆基金会开始支持罗伯特·戈达德的火箭研究。戈达德是火箭技术的先驱，致力于开发液体燃料火箭。这一年 7 月 17 日，在哈利的资助下，戈达德在马萨诸塞州伍斯特的戈达德实验室中成功发射了一枚液体燃料火箭。1930 年，哈利又资助戈达德在新墨西哥州罗斯威尔建立了一个新的实验站。在这里，戈达德进行了大量液体燃料火箭的试验，并取得了一系列突破性成果。

1940 年，哈利参与了美国政府与火箭研究机构的合作。在哈利的推动下，美国军方开始重视火箭技术，并将其应用于武器开发。到 1945 年第二次世界大战结束时，哈利的资助使美国在火箭技术领域取得了显著进展。这些技术成果为战后太空探索和卫星发射奠定了基础。

1946 年，哈利支持成立了多个火箭研究机构，为战后火箭技术的持续发展提供了平台和资源。在哈利的推动下，美国于 1950 年启动了多个太空探索项目，火箭技术成为这些项目的核心。

哈利在火箭行业的贡献不仅体现在资金支持上，还包括对火箭技术普及与应用的推动上。他通过资助罗伯特·戈达德的研究推动火箭技术的突破性发展，并通过与政府和研究机构的合作促进火箭技术在军事及科学方

面的应用。哈利以其远见卓识和慷慨资助，为现代火箭技术的发展和美国
太空事业的领先地位奠定了基础，成为火箭行业发展的重要推动者。

二、在广阔世界中留下足迹

哈利不仅在航空和火箭领域取得了卓越的成就，还在赛马和新闻出版
等领域留下了自己的足迹。

1929 年，哈利开始了他的赛马事业，他参与了纽约赛马协会的成立，
并逐渐成为赛马界的重要人物。他的马房培养出了不少优秀的赛马，其中
Dark Star（暗星）在 1953 年赢得了肯塔基赛马会冠军，成了击败传奇马
匹 Native Dancer（本土舞者）的唯一一匹马。此外，他还饲养和拥有 Bald
Eagle（白头鹰）。这匹赛马赢得了"日食奖"，并为哈利带来了更多的荣誉。
哈利的另一匹著名赛马 Ack Ack（艾克艾克），不仅获得了美国年度赛马称
号，还被列入了纯种赛马"名人堂"。哈利在赛马领域的成功，不仅展示了
他的商业眼光，还为他带来了无数荣耀。

在新闻出版领域，哈利同样展现了卓越的领导才能。1940 年，他与妻
子艾丽西亚共同创办了《新闻日报》，并担任总裁。在两人的共同努力下，
《新闻日报》被打造成了一个在新闻界备受尊敬的品牌，并在 1954 年获得
了普利策奖。

艾丽西亚去世后，哈利继续担任《新闻日报》的出版人，直到 1967
年。在他担任总裁兼总编辑期间，《新闻日报》的发行量达到了 45 万份。
虽然与继任者在编辑方向上有分歧，但哈利的决策和领导才能仍然对报纸

的发展产生了重要影响。

哈利凭借自己的远见卓识和卓越的领导才能，在无限广阔的领域留下了深深的足迹。哈利对涉足的各个领域充满了热情，他的成就为后人树立了榜样，也对所涉足的每一个领域产生了深远的影响。

第三节 豪门的跨界创业秘诀

古根海姆家族的成功并不是暴发户式的财富积累，而是凭借超越常人的远见卓识和满怀热情倾注心血的态度打破了多个行业的壁垒，取得了令人瞩目的成就。古根海姆家族的每一代掌舵者都展现出了卓越的领导才能和独特的商业视野，使得这个家族在多样化的事业版图中不断开拓创新，成为真正的豪门典范。

走进古根海姆家族，我们看到的是一幅多彩的画卷：从矿山的沉寂到赛马场的喧嚣，从新闻出版的繁忙到现代艺术的静谧，每一个领域都留下了他们的足迹。这不仅是家族财富的象征，也是他们不断追求卓越、勇于创新的体现。正是有了这种无所畏惧的精神，古根海姆家族能够在不同的时代背景下，始终保持领先地位，创造出一个又一个辉煌的传奇。

在这个家族的成功背后，有两大关键因素尤为重要。首先是他们超越常人的远见卓识。无论是梅耶最初在矿业上的精明投资，还是哈利·古根海姆对火箭技术的早期支持，都体现了他们对未来的敏锐洞察力和战略眼光。其次是他们满怀热情倾注心血的态度。无论是哈利对赛马事业的全情投入，还是所罗门在艺术品收藏方面的全身心投入，都展示了他们对每一项事业的热爱和奉献。

一、超越常人的远见卓识

古根海姆家族每一项事业的成功，无论是矿业、冶金还是航空和火箭技术，都离不开他们卓越的远见和战略眼光。他们总是能够在混沌中看到未来的光明，在平凡中捕捉非凡的契机。

远见卓识不仅是一种与生俱来的才能，还是一种通过不断学习和实践而积累的智慧。古根海姆家族的成员们始终保持对世界的深刻理解和对未来的敏锐预见，他们通过持续的学习和实践，培养出卓越的战略眼光和判断力，然后利用手中的财富在新的行业领域中开拓创新。

梅耶是古根海姆家族财富的奠基者，他在采矿业中的远见卓识为家族的崛起打下了坚实的基础。19 世纪 80 年代，梅耶投资于科罗拉多州莱德维尔的银矿。当时，许多人对采矿业持怀疑态度，认为风险过大，但梅耶看到了其中的巨大潜力。他不仅投入资金，还深入研究矿石的开采和冶炼技术。梅耶的远见卓识不仅体现在对银矿的投资上，还体现在他对矿石冶炼业的重视上。他意识到仅仅依靠矿石开采并不足以获得最大收益，因此，他将目光投向了冶炼业。梅耶在美国和墨西哥建立了多家冶炼厂，通过对矿石进行加工和提炼，大幅提升了矿石的附加值。这种垂直整合的商业模式，不仅提高了古根海姆家族的利润率，还增强了他们在市场中的竞争力。

1929年，哈利通过古根海姆基金会开始支持罗伯特·戈达德的液体燃料火箭研究。这一决定在当时看似冒险，但哈利认识到火箭技术在未来战争和科学探索中的巨大潜力，所以才敢于冒险。哈利的资助和支持使得戈达德能够进行多项关键试验，为现代火箭技术的发展打下坚实基础。

古根海姆家族的成功正是这种远见卓识的最佳诠释。他们能够提前看到行业的发展趋势，并在最佳时机进行投资和布局，成为行业的先行者和引领者。他们能够在行业的变革中抓住机遇，引领潮流。

二、满怀热情倾注心血

古根海姆家族的成功还在于他们对所涉足事业的热情和全身心的投入。他们不仅是投资者，还是每一个领域的积极参与者和推动者。每一项事业都有他们不懈的努力和对梦想的执着追求。

热情，是推动他们不断前行的动力；倾注心血，则是他们对事业的最真实表达。他们不只是用金钱来衡量成功，还用心血和汗水来铸就辉煌。正是这种无比热情和全身心投入，他们在涉足的各个领域都能取得非凡的成就。

所罗门·R.古根海姆是古根海姆家族中最热衷于艺术的成员，他对现代艺术的热情和投入无与伦比。早在20世纪初，所罗门就开始收藏前卫艺术作品，随着时间的推移，他的收藏范围逐渐扩大，涵盖了大量的现代艺术杰作。他不仅仅满足于私人收藏，而是希望通过展示这些作品推动现代艺术的发展和普及。

1937 年，所罗门成立了所罗门·R.古根海姆基金会，以促进人们对现代艺术的欣赏和理解。1943 年，所罗门和雷拜男爵夫人委托著名建筑师弗兰克·劳埃德·赖特设计新的博物馆建筑，这座建筑后来成为现代主义建筑的经典之作。

佩姬·古根海姆是古根海姆家族中另一位对艺术充满热情的成员。她以大胆的艺术眼光和对前卫艺术的不懈追求而闻名，在 20 世纪 30 年代开始涉足艺术收藏，收藏范围广泛，涵盖了许多当时尚未被广泛认可的现代艺术家的作品。

佩姬在"二战"期间搬到纽约，并开设了她的第一个画廊——"这一世纪的艺术"（Art of This Century）。这个画廊不仅展示她的收藏品，还成了许多前卫艺术家的聚集地和展示平台。佩姬对艺术的热情和投入，使得她的画廊成为纽约现代艺术界的核心。

佩姬的艺术热情不仅体现在收藏和展示上，还体现在她对艺术家的支持上。她资助了许多年轻艺术家的创作，使他们能够专注于艺术创作而不必担心经济压力。后来许多艺术家成名，并推动了现代艺术的发展。

佩姬的艺术热情最终体现在她在威尼斯创办的佩姬·古根海姆美术馆。这座美术馆展示了她一生的艺术收藏，成为威尼斯的重要文化地标，并持续吸引着全球的艺术爱好者前来参观。

所罗门·R.古根海姆对现代艺术的执着，以及佩姬·古根海姆对前卫艺术的无尽热爱，都是倾心投入的生动体现。因为对事业保持无限热情和坚定投入，古根海姆家族在涉足的各个领域都取得了非凡的成就，成为真正的豪门典范。他们不仅创造了丰厚的物质财富，还为社会留下了丰富的文化遗产和宝贵的精神财富。

除了前面提到的两点，古根海姆家族的成功还得益于一些独特的策略。比如，古根海姆家族擅长通过战略合作和联盟来整合资源，提升竞争力。他们通过与其他企业和机构的合作，实现了资源共享和互利共赢，进一步扩大了家族的影响力和业务范围。例如：他们在冶金业中与洛克菲勒家族的竞争与合作，使得古根海姆家族在行业中占据了主导地位；在推动火箭技术发展过程中，与政府和多个研究机构的紧密合作，为火箭技术研究奠定了坚实的基础。

灵活应对市场变化也是古根海姆家族成功的重要因素。他们具有敏锐的市场洞察力和快速反应能力，能够在市场环境发生变化时及时调整战略，抓住新机遇。面对矿业市场的波动，他们主动放弃采矿权，及时转向其他高潜力行业，成功地分散了市场风险，确保了家族企业的持续发展。

古根海姆家族的成功还体现于他们对创新和技术的重视。他们总是走在技术前沿，勇于尝试新事物，不断推动行业进步，在激烈的市场竞争中始终保持领先地位。哈利·古根海姆通过资助罗伯特·戈达德的火箭研究，推动了液体燃料火箭技术的发展，这正是家族重视创新和技术的最佳例证。正是这些成功的秘诀，使得古根海姆家族在多个领域中都取得了非凡的成就，成为真正的豪门典范。他们的跨界创业精神不仅为后人树立了榜样，而且为社会留下了丰富的文化和精神财富。通过这种全方位的努力和投入，古根海姆家族不仅创造了辉煌的商业传奇，还留下了宝贵的精神遗产。